国宏智库青年丛书

转型中国的家庭代际关系
基于三代家庭的研究

Family Intergenerational Relationships in Transition China

赵玉峰 ◎ 著

中国社会科学出版社

图书在版编目（CIP）数据

转型中国的家庭代际关系：基于三代家庭的研究／赵玉峰著 .—北京：中国社会科学出版社，2020.5

（国宏智库青年丛书）

ISBN 978 – 7 – 5203 – 6194 – 1

Ⅰ.①转… Ⅱ.①赵… Ⅲ.①家庭关系—研究—中国 Ⅳ.①D669.1

中国版本图书馆 CIP 数据核字（2020）第 056243 号

出 版 人	赵剑英
责任编辑	喻 苗
责任校对	胡新芳
责任印制	王 超

出　　版	中国社会科学出版社
社　　址	北京鼓楼西大街甲 158 号
邮　　编	100720
网　　址	http://www.csspw.cn
发 行 部	010 – 84083685
门 市 部	010 – 84029450
经　　销	新华书店及其他书店
印　　刷	北京明恒达印务有限公司
装　　订	廊坊市广阳区广增装订厂
版　　次	2020 年 5 月第 1 版
印　　次	2020 年 5 月第 1 次印刷
开　　本	710×1000　1/16
印　　张	13.5
字　　数	182 千字
定　　价	66.00 元

凡购买中国社会科学出版社图书，如有质量问题请与本社营销中心联系调换
电话：010 – 84083683
版权所有　侵权必究

前　　言

　　本书是在我的博士学位论文基础上形成的。事实上，在工作一段时间以后，我对家庭代际关系这个议题有了更深的思考，也意识到博士学位论文的研究还有不少需要提高的地方，但考虑到博士学位论文是学生生涯的最后记录，所以这里只是按照编辑要求进行了格式等方面的修改，试图保证原汁原味。通常，作为学术作品需要请一些知名专家学者来帮忙写个序，表示肯定和推介。小的时候经常听歌，看到作词、作曲、演唱都是同一个人，感到非常佩服，这是我的第一本学术著作，所以也不想假借他人之手给自己认定，整本书的文字工作就由我自己包办吧。这本书送给我的母亲，感恩在城乡转换、得失不论的变幻社会中让我感受到的亲密的家庭代际关系，希望今后我能写出更多的著作送给我其他的家人。是为前言中的自序。

　　中国正处于社会转型期，家庭作为社会最基本的组织和细胞，一直在承受社会转型的冲击。其中，最明显的就是家庭养老功能在一定程度上的弱化，尤其是在城市地区，社会保障体系的建立和完善，使大多数城市老人在退休之后能够获得退休金，减少了对家庭养老的依赖。无论是社会变革对家庭的外部压力还是家庭自身结构的变化，都对中国的家庭代际关系产生了影响。不同于社会变革浩浩荡荡、横扫一切的趋势，中国的家庭代际关系变革较慢，体现出社会学所谓的"文化堕距"和"迟滞效应"。不同于西方家庭已经进入现代化阶段，中国家庭代际关系变化的一个鲜明特征是处在家庭现代化和传统化的对峙中。针对既有研究中的矛盾和不足，本书旨在以中国健康与养老追踪调查（China Health and Retirement Longitudinal Survey，CHARLS）这种大样本的抽样调查数据分析为基础，采用更多样的定量统计方法，对家庭代际关系的现状、变迁、各维度之间的互动、类型以及影响因素等进行更为整体性且相对全面、综合的研究。本书的研究对象虽然是三代家庭的代际关系，但实质是想拓宽人口学研究的理论视野，丰富人口学在家庭代际关系方面的研究方法。围绕以上研究旨趣，本书拟实现以下研究目标。

第一，全面反映当前三代家庭代际关系的面貌。家庭代际关系主要侧重考察经济支持、生活照料支持和情感支持三个指标。通过实证数据来回答，在三代家庭中代际关系是怎样的？是否如很多学者宣称的存在"眼泪往下流"的代际倾斜？

第二，通过面板数据来考察三代家庭代际关系的变动情况。利用CHARLS考察2011—2015年的家庭代际关系变动情况，使用口述史的方法考察更长时段的变化。

第三，三代家庭的代际关系既有父子孙三代的关系，又有操作化经济、劳务、情感三个指标。这些关系会比较复杂，出现互相影响或者互相挤压的效应。结构方程模型的最大特征就是能将多个外显变量处理为一个潜在变量，并且在处理多变量的关系中具有很好的优势，本书尝试将其引入家庭代际关系研究。从关系图表中探寻这种错综复杂的关系，可能更容易清晰地看到三代家庭代际关系内部互动状况。

第四，本书将潜类别分析引入家庭关系研究，潜类别分析是进行类型分析非常好用的工具。根据实证数据，研究中国的家庭代际关系到底可以分为几个类别，什么因素影响家庭代际关系的类型。

第五，本书站在总体史观的视角，考察制度、家庭、个人等不同层面的因素对三代家庭代际关系的影响。学者们在探讨成年子女和父母家庭代际关系影响因素时主要从父母的角度出发，本书则主要从三代中夹心层的子代的角度出发。

为了实现上述研究目标，本书构建了体现父子孙三代家庭、家庭代际关系的三个维度、理论衍生出的三个研究方面以及从制度、家庭、个人出发的影响因素的综合分析框架，并在研究过程中利用CHARLS数据和口述史以及案例资料，运用描述性统计、结构方程模型、潜类别分析、二元logistic回归、mlogit回归等方法，对三代家庭代际关系的诸多方面进行分析。研究发现：

在三代家庭代际关系的现状方面。站在中间一代子代的视角，在经济支持和劳务支持方面，的确存在代际关系的倾斜，也就是说，子代可能给予孙代的经济支持和劳务支持要多于给予父代的。但是需要注意的是，在经济支持方面，子代普遍给父代经济支持，占比约为77%，但是子代给予孙代经济支持的并不普遍，占比为36%，所以很难单纯地说"眼泪往下流""代际的失衡"。这既要看经济支持金额，也要看经济支持比例。在情感交流方面，数据显示，实际上，子代和父代之间的联系要更加频繁一些，见面的频次上应该是向父代倾斜。但是子代和孙代之间通过电话、短信、信件和电子邮件联系这种身体缺席交往的频率很高，至少每月联络一次的占比达到88%。以上表明，当我们谈到家庭代际关系时，往往很笼统地说向上流还是向下流。实际上，家庭代际关系是一个具有多维度的概念，要注意其内部的差异性。

在家庭代际关系的变化方面。本书首先用CHARLS 2011—2015年的数据看三代家庭代际关系在短时段的变化情况。5年或许的确是时间较短，但社会变化日新月异，也能反映一些问题。从家庭代际关系的三个维度来看，虽然2011年和2015年经济支持均值不同，但方向是一致的，都是呈现往年青一代倾斜的状况。在情感方面，子代看望父代或子代见孙代的占比类似，至少每月一次的占比变动不大，但是通过电话、短信、信件和电子邮件联系这种身体缺席交往的频率，2015年比2011年要显著增多，这反映了科学技术发展尤其是新的通信手段出现对家庭代际关系的影响。在劳务支持方面，劳务支持流动的方向没有变化，子代给予父代劳务支持或者子代给予孙代劳务支持的时间都有所增长，说明子代的压力更大。通过口述史刘某和顾某某的案例说明了家庭代际关系长时段的变化。刘某经历了一个纵跨时长达60年的生命历程，其间经历了人民公社化、"文化大革命"、家庭联产承包责任制等重大历史变动，这对她的家庭代际关系产生影响。但同时，在孙代时候的刘某和现在刘某的孙代相比，家庭代际关系可能会有极大的反差。在孙代时，刘某是作为家庭的劳动力帮助照顾弟弟妹妹，在劳务支持方面，代际流动是向上的，向子代流动，而现在刘某的孙子则是作为被照顾者角色出现，从劳务支持来说是向孙代流动。而刘某和顾某某作为不同队列、不同出生地区的个人，她们的家庭代际关系也有着巨大的差异。这里对家庭代际关系的生命周期进行一个总结，家庭代际关系依据人的寿命是有周期性的，但是家庭代际关系生命周期的内涵却因时代变化而变化。

在三代家庭代际关系的内部关系方面。结构方程模型的结果表明，子代和孙代见面显著正向影响子代和孙代联络，这可能因为见面越多越亲，则联络也越多；子代照顾孙子显著正向影响子代照顾老人，可能因为照顾孙子和老人都是子代的责任，不可偏废；照顾亲生父母显著正向影响照顾岳父母或公婆，原因可能是子代愿意照顾自己的亲生父母，同样也愿意照顾配偶父母；子代给予父代经济支持显著正向影响孙代给予子代经济支持，这一方面体现了日常俗语所说的"上行下效"和"家长模范作用"，也体现了在三代家庭内部的一种家庭代际关系的再生产。中国家庭代际关系在两代或三代之间，在情感交流、经济往来、劳务支持维度的互动更多地呈现的是一种正向影响的互动，这有别于西方学者提出家庭是基于理性和计算的"合作社模型"，而体现出中国传统文化中所强调的"孝道"或"家风和合"。这从一定程度上体现了中国虽然正处在现代化转型，但在家庭代际关系方面仍然体现出传统性，这就是奥格本（Ogburn）所谓的转型时期的"文化滞后"。这种"家风和合"为什么具有如此强的生命力？关键在于中国家庭不仅承担着人口再生产的功能，还具有很好的家庭代际关系再生产的功能。

在三代家庭代际关系类型划分方面。根据潜类别分析，三代家庭代际关系分为疏离重视父代型、亲密重视孙代型、疏离忽视孙代型、三代亲密型。第四类三代亲密型是最多的，占比达到35%，这也验证了中国孝道"亲亲和合"仍是占主流的。但是出乎意料的是，疏离忽视孙代型竟然占比31%，这和学者们所谓的"眼泪往下流""代际倾斜"不相符，可以从年龄的角度来解释。疏离重视父代型占比23%，体现了中国传统文化中"家庭养老"的习俗，即便整体上关系再疏离，但还是要经常看望父母、给父母金钱、照顾父母，这是一种植根于血液的道德约束，很难改变。亲密重视孙代型占比11%，占比不多，反映一些家庭重视孙代的情况。在三代家庭代际关系潜类别的影响因素方面，从性别上看，女性更容易成为疏离忽视孙代型；年龄上看，年龄越大，越不可能成为疏离重视父代型、疏离忽视孙代型；户口来看，非农户口成为疏离重视父代型、疏离忽视孙代型的可能性更高；教育水平来看，大专以上成为亲密重视孙代型的可能性低，随着学历增高，成为疏离重视父代型的可能性高；自评健康来看，自评健康一般的成为亲密重视孙代型的可能性低，好的成为疏离重视父代型的可能性越高；自评生活水平来看，自评生活水平为好的成为疏离忽视孙代型的可能性低，一般的成为亲密重视孙代型的可能性低，生活水平越高，越不易成为疏离忽视孙代型。整体来看，从制度、家庭、个人三个角度出发，户口、性别、年龄、受教育水平、自评健康、自评生活水平等变量，都对三代家庭代际关系潜在类别有着不同程度的影响。这反映出三代家庭代际关系的潜在类型是宏观、中观、微观多元型塑的结果。

在家庭代际关系的影响因素方面。户籍制度上，情感交流、经济往来、劳务支持方面都体现了户籍差异。而这种户籍差异更多地体现在子代和孙代之间。整体来看，子代和孙代间的情感交流、经济往来、劳务支持，非农户籍都显著低于农业户籍。家庭状况上，自评生活水平一般的相比自评生活水平为差的，在与孙代见面方面的可能性要高。在经济往来方面，体现为相对于自评生活水平为差的子代，自评生活水平为一般和高的子代对父代的经济支持、孙代对父代的经济支持，可能性较高。在子代对孙代经济支持方面，自评生活水平为好的相对于自评生活水平为差的，经济支持的可能性要高。性别差异上，情感交流方面，子代与孙代联络，女性要弱于男性；在经济往来方面，子代对孙代的经济支持，女性要弱于男性；在劳务支持方面，子代对孙代的劳务支持，女性要强于男性。年龄差异上，子代看望父代、子代与孙代见面、子代与孙代联络，50岁及以上组皆显著地高于50岁以下组。在经济往来方面，父代和子代间的经济往来不显著，但是子代和孙代间的经济往来显著，表现为50岁及以上组显著高于50岁以下组。在劳务支持方面，子代对孙代的劳务支持和子代对父代的劳务支持显著，也表现为50岁及以上组显著高于50岁以下组。整体来看，随着子代年龄越大，三代家庭的代际关系越紧密。受教育水平上，在情感交流方面，初中学历和大专及以上学历在子代看望父代方面要弱于小学及以下受教育水平的；子代与孙代见面方面，初中学历、高中学历、大专及以上学历均弱于小学及以下；子代与孙代联络方面，相对于小学及以下，初中学历、高中学历、大专及以上学历呈现逐渐降低的趋势。这体现了随着学历增高，父子孙三代的情感交流变弱。在经济往来方面，在父代对子代的经济支持方面，初中学历、高中学历、大专及以上学历比小学及以下的经济支持要好；在子代对父代的经济支持方面，高中学历、大专及以上学历比小学及以下的经济支持要好，所以在子代和父代间的经济往来，呈现出随着学历增高而经济支持增强的趋势。子代和孙代的经济往来则呈现出随着学历增高而经济支持减弱的趋势。自评健康上，回归分析的结果显示，在情感交流方面，子代看望父代不显著；在子代与孙代见面、子代与孙代联络方面，自评健康好的子代相比自评健康差的子代在子代与孙代见面、子代与孙代联络方面的可能性更小。在经济往来方面，父代对子代经济支持不显著，而子代对父代的经济支持，自评健康一般的子代比自评健康差的子代更可能给父代经济支持。在孙代和子代的经济往来中，则体现出自评健康好的子代比自评健康差的子代和孙代间经济往来的可能性更小。劳务支持方面不显著。这也说明自评健康至少影响情感交流和经济支持，回归结果也反映了现实当中的情况。如果子代身体健康好，则子女不牵挂，相应联络可能会比身体健康差的子代要少。同理，在经济往来方面，子代身体一般，可以工作，肯定比身体差的要给父代经济支持的可能性高，而子代、孙代间，身体好则不需要看病住院花钱，所以经济往来也会变小。整体来看，六个指标分别从制度、家庭、个人维度出发，探讨影响家庭代际关系的状况。整体来看，六个指标都对家庭代际关系的各个层面有着或多或少的影响，这反映了家庭代际关系受到社会各层面多维度的型塑。父代和子代的关系受影响较少，子代和孙代受影响较大，这说明在父代和子代间仍处于前家庭现代化阶段，既不是家庭代际关系西方化，也不是阎云翔所谓的"无公德的个人"，而子代和孙代间的家庭代际关系目前来看不够稳定，呈现多样化和不确定性，处于家庭现代化和传统孝道交锋之中。但"家风和合"关系能明显体现，这可能验证了阎云翔所说的"新家庭主义"的兴起。

  本书的创新之处在于：首先，构建了真实的三代家庭结构，深化了对转型中国背景下家庭代际关系的认识。三代家庭相较于两代家庭代际关系较为复杂，可以更为深刻地反映代际关系的本质。三代家庭无论在年龄跨度还是在所经历的生命历程的跨度上都比较大，现代和传统碰撞的因素可能更丰富。其次，定量和定性混合的长时段与短时段研究家庭代际关系变化，鉴于数据并不能支持家庭代际长时段变化的研究，本书引入口述史的方法加以拓展。定量和定性结合的混合研究，便于互相佐证，深化研究。最后，丰富和拓展了现有家庭代际关系研究的理论和方法。本书在家庭生命周期的基础上提出家庭代际关系生命周期并应用于研究，通过实证结果提出家庭代际关系再生产，并指出这是中国传统家庭代际关系得以延续的重要因素。此外，还通过身体缺席交往频率变化考察了科技对家庭代际关系的影响。局限和不足在于：本书由于要构建三代家庭，数据样本量较少，在很多维度上无法充分展示家庭代际关系的丰富性。同时，本书在家庭代际关系互动和影响机制方面探讨不够深入。另外，样本的选择性导致研究结果存在局限性。

最后是研究展望。

目　　录

第一章　导论 ………………………………………………………（1）
　　第一节　前言：布罗代尔带给的启示 ………………………（1）
　　第二节　社会转型、人口转变与家庭 ………………………（4）
　　第三节　潜移默化影响下的家庭代际关系 …………………（8）
　　第四节　研究目标 ……………………………………………（11）
　　第五节　研究意义和价值 ……………………………………（14）
　　第六节　文章结构 ……………………………………………（16）

第二章　文献综述 …………………………………………………（20）
　　第一节　国外文献 ……………………………………………（20）
　　　　一　生活安排 ……………………………………………（21）
　　　　二　代际规范和交流 ……………………………………（23）
　　第二节　国内文献 ……………………………………………（27）
　　　　一　社会变迁对家庭代际关系的影响 …………………（28）
　　　　二　家庭代际关系和性别 ………………………………（29）
　　　　三　家庭代际流动 ………………………………………（30）
　　　　四　家庭代际关系的新动向 ……………………………（31）
　　　　五　新家庭主义 …………………………………………（32）
　　第三节　现有研究的局限和定位 ……………………………（35）

第三章　理论基础与概念框架······(39)
第一节　理论基础······(39)
　　一　总体史观······(39)
　　二　第二次人口转变理论（后人口转变理论）······(40)
　　三　家庭现代化理论······(41)
　　四　家庭代际关系理论······(42)
　　五　家庭生命周期理论······(43)
　　六　社会性别理论······(43)
　　七　身体缺席的交往或缺场交往······(44)
　　八　文化堕距理论······(45)
　　九　再生产理论······(45)
第二节　概念界定······(47)
　　一　家庭和家庭户······(47)
　　二　代和代际关系······(48)
　　三　家庭代际关系······(49)
　　四　家庭代际关系生命周期······(50)
第三节　分析框架······(51)

第四章　数据与方法······(54)
第一节　研究数据······(54)
第二节　研究方法······(55)

第五章　三代家庭的基本结构······(59)
第一节　三代家庭的构建······(59)
　　一　第一种方法······(60)
　　二　第二种方法······(62)
　　三　第三种方法······(64)
第二节　三代家庭基本情况描述······(68)

  一 子代的基本状况描述 …………………………………………（68）
  二 父代的基本情况描述 …………………………………………（72）
  三 孙代的基本情况描述 …………………………………………（77）
 第三节 父子孙三代基本情况的比较 ……………………………………（81）
  一 性别 ……………………………………………………………（81）
  二 受教育水平 ……………………………………………………（82）
  三 户口状况 ………………………………………………………（82）
  四 父代和孙代的居住状况 ………………………………………（83）
  五 父代和孙代的政治面貌与宗教信仰 …………………………（83）
  六 父子孙三代基本情况比较总结 ………………………………（84）

第六章 三代家庭代际关系的现状和变化 …………………………………（85）
 第一节 2015年三代家庭代际关系的现状 ………………………………（85）
  一 经济往来 ………………………………………………………（85）
  二 情感交流 ………………………………………………………（93）
  三 劳务支持 ………………………………………………………（101）
  四 父子孙三代家庭代际关系的总结 ……………………………（104）
 第二节 家庭代际关系的5年变化——基于CHARLS
    数据 …………………………………………………………（105）
 第三节 家庭代际关系更长时段的变化——基于口述史的
    方法 …………………………………………………………（110）

第七章 三代家庭代际关系的内部互动 …………………………………（118）
 第一节 结构方程模型在家庭代际关系中的适用性 ………………（118）
 第二节 三代家庭代际关系的内部互动 ………………………………（122）
  一 三代家庭代际关系内部互动的假设 …………………………（122）
  二 情感交流方面的子代和孙代之间的互动 ……………………（125）
  三 父子孙劳务支持方面的互动 …………………………………（128）

四　子代照顾亲生父母对子代照顾配偶父母的
　　　　影响 ……………………………………………（130）
　　五　经济支持的家庭代际关系再生产 ……………（133）
第三节　本章小结 …………………………………………（135）

第八章　三代家庭代际关系的潜类别分析 ………………（137）
　第一节　潜类别分析模型介绍 ……………………………（138）
　第二节　外显变量的处理和描述性统计 …………………（141）
　第三节　三代家庭代际关系的潜类别分析 ………………（144）
　第四节　潜类别的影响因素 ………………………………（148）
　第五节　本章小结 …………………………………………（151）

第九章　三代家庭代际关系的影响因素 …………………（153）
　第一节　户籍制度对三代家庭代际关系的影响 …………（154）
　第二节　性别对三代家庭代际关系的影响 ………………（157）
　第三节　年龄对三代家庭代际关系的影响 ………………（159）
　第四节　受教育水平对三代家庭代际关系的影响 ………（161）
　第五节　自评健康对三代家庭代际关系的影响 …………（163）
　第六节　自评相对生活水平对三代家庭代际关系的
　　　　　影响 ………………………………………………（165）
　第七节　本章小结 …………………………………………（167）

第十章　总结和讨论 ………………………………………（170）
　第一节　主要结论和发现 …………………………………（170）
　　一　"并不是所有的眼泪往下流" …………………………（172）
　　二　家庭代际关系变迁的堕距 ……………………………（173）
　　三　"家庭代际关系再生产"与现代化冲击 ………（174）
　第二节　创新和不足 ………………………………………（175）

一　创新 …………………………………………（175）
　　二　不足 …………………………………………（177）
第三节　研究展望 ………………………………………（177）
　　一　加强对非亲生三代家庭代际关系的研究………（177）
　　二　加强家庭代际关系的国际比较研究……………（178）

附　录 ……………………………………………………（179）

参考文献 ………………………………………………（181）

后　记 ……………………………………………………（197）

第一章　导论

第一节　前言：布罗代尔带给的启示

布罗代尔（Fernand Braudel）在其经典著作《菲利普二世时代的地中海和地中海世界》（以下简称《地中海史》）中提出了引领一代年鉴史学派的"总体史观"。他认为研究历史，不能只关注历史事件，还要关注长时段的地理空间、环境气候等变化。历史事件过于夺目吸引眼球，很容易让人忽视背后长时段、中时段在历史进程中发挥的重要作用。其实，人口学研究也契合这种"总体史观"，正如史学家常说的"一切历史都是当代史"。现如今所发生的种种人口变动，正是影响整个人类社会各种变化的基本性要素力量。人口变动也如地理空间、环境气候的变化一样存在着规律性，这种规律性甚至不以人的意志而转移。布罗代尔常常把历史比作一个由多种乐器伴奏并有着不同声部组成的大合唱，他认为在大合唱中各种乐器的声音以及不同的高低声部之间的声音经常互相影响、互相冲击、互相成全，在大合唱中并不存在只有独唱被认可而将其他乐器伴奏或者其他声部的声音忽略的情况（布罗代尔，1996）。人口研究也是如此。当媒体大众过于关注生育率的变化、人口的迁徙流动时，往往忽略了家庭在恒久的历史进程中的作用。笔者通过对中国知网近30年（1988—2017）有关生育率和家庭代际关系研究的文献进行分析，结果如图1-1所示。在30年的起点处——1988年，家庭代际关系的文章发表数是个位数，而生育率的文章则有100多篇。随着时间推移，到了2007年，家庭代际关系文章发表数达到40多篇，而生育率的文章经过一段波折后达到250多篇，差距仍在扩大。但是在2007年以后，家庭代际关系的文章数开始缓慢上升，到2017年已经达到200篇，而生育率的文章发表数在2015年达到顶峰为500多篇，2017年下降到360多篇。虽然目前家庭代际关系的文章数仍然落后于生育率的文章数，但是正在接近当中。这也说明，学界开始意识到相对于轰轰烈烈的生育率的大讨论，这种基础性的家庭和家庭代际关系研究更值得重视。

图1-1　生育率和家庭代际关系文献发表统计

人口学是基于人口数据的社会科学，可以说，没有人口统计就没有人口学。但大规模的人口统计只是工业革命以后发生的，而中国全国范围大规模的人口统计开展得更晚，时至今日，仍与发达国家存在一定的差距。该如何在人口学的范围内寻找一个有意义的研究问题，布罗代尔同样带给我们启示。布罗代尔在选择研究历史的切入点时，并没有像其他历史学家一样选择高潮澎湃的工业革命发展史，抑或轰轰烈烈的大革命史，而是选择了16世纪文艺复兴后西班牙国王菲利普二世执政的短短50年进行研究。但就是这样一个在历史发展中属于极短时段的研究塑造了历史研究的辉煌时刻，正如史学界传言："如果设立诺贝尔史学奖的话，那么获奖的第一人必定是费尔南·布罗代尔。"为什么布罗代尔能够受此赞誉？布罗代尔曾经对《地中海史》的研究做了一个总结：历史时间概念有长、中、短三种时段。短时段是历史表层的"个人时间"，是历史大海面上的浪花，形成政治、经济、军事、外交和社会生活的一个个"变化无常的事件"；中时段是历史的"社会时间"，以数十年或上百年为量度，有相对缓慢的节奏与周期，如社会群体、经济态势、人口状况、集体心态、主流文化思潮的变迁等，这是"运动着的局势"，对文明历史起着较重要的作用；长时段是缓慢流逝与变动、有时近乎半静止的"自然时间"，它处于历史的最深层次，以世纪为基本单位量度，形成地理、生态环境、文化与心态结构，对文明历史起着深远的根本作用。同时，布罗代尔认为：有的历史事件，只要不局限于事件本身而去关注其底蕴，就会发现超越事件本身的意义。这类事件会照亮历史的某个角落，有时甚至照亮历史的某个广阔的深景。总的来讲，布罗代尔强调"结构"的作用，他认为结构是在历史事实和民众长期以来构建出的组成整体各部分的安排与搭配。有些结构是"世代相传、连绵不绝的恒在因素"，"左右着历史长河的流逝"；有些结构则在分化瓦解，所以结构有着"促进和阻碍社会发展的作用"。美籍华人学者黄仁宇（1982）所作的《万历十五年》，可谓是布罗代尔思想的共鸣之作。黄仁宇在此书中仅仅使用史料叙述了万历十五年（1587）间发生的一些事情，当然，书中也较为详尽地梳理了事情的来龙去脉。正如书中所写，这一年是极其平淡的一年，但正是这些在历史学界认为的小事情引发明朝末期的很多大事情，最终导致国祚近三百年的大明王朝由兴盛走向衰落。

人口学向来以长时段预测和大样本数据运用见长。当现有数据不能完全支持做一个长时段的研究时，向布罗代尔和黄仁宇等名家学习，不失为一个好的选择。布罗代尔和黄仁宇作为历史学家，首要的责任就是记录历史，无论时间有多长，但都是基于史实、忠于史实。做一个很小时段的人口研究同样是记录历史，而且人口学也是基于数据、忠于数据的。布罗代尔和黄仁宇特别强调结构和细小事件在历史进程中的作用。人口学研究的基础内容主要有四方面：生育、死亡、迁移和家庭（佟新，2010）。生死都是颇能引起关注的大事，迁移又是数十年来的研究热点，反倒家庭研究有着式微的趋势，可能家庭里发生的都是一些"鸡毛蒜皮"的小事，现在即便是名人离婚也算不得能引起太大社会轰动的大事件。而家庭作为社会最基本的组织体或细胞，其内部有身处社会各个层面的家庭成员，承担多种功能，对外又会受到多种力量冲击，它实际上是观察社会变迁的很好透镜。站在"总体史观"的立场，家庭作为社会结构的一部分，同时也是被人忽视的细小事件的发生场所。对之的研究，尤其是对更能体现社会变迁影响的家庭代际关系研究，是人口学研究的一个有意义的切入点。本书借鉴"总体史观"的思想，一方面，忠于事实，试图更细致、多维度地展现家庭代际关系的方方面面，尝试从长时段、中时段、短时段或者是自然时间、社会时间、个人时间的角度来研究论述；另一方面，家庭作为社会结构的一部分，又受到其他社会结构性要素的影响，故也将重点考察社会转型背景下结构性要素对家庭代际关系的影响。

第二节 社会转型、人口转变与家庭

中国正处于社会转型期，关于社会转型期的起点在学界还存在争议。一部分学者认为应该以中国20世纪80年代初的改革开放作为起点，有的学者则认为应该以中国20世纪90年代初的市场经济转型作为起点。无论怎样，学界普遍认同现在的中国正经历着社会转型，并且这种转型正呈现加快的趋势。十多年来，很多学者撰文试图对中国的社会转型加以概括和描述，并逐渐形成中国社会转型的学派或者思想。综合学界有关社会转型的观点，中国的社会转型体现为以农业为主导产业的社会转变为以工业为主导产业的社会。但也有学者认为中国经历了极其短暂的工业社会，中国的社会转型实际上是直接从农业社会跨越工业社会转变为以服务业和知识产业为主导的后工业社会（张翼，2016）。从社会学视角来看中国的社会转型，有学者提出，改革开放后的中国，总体可以概括为从总体支配到技术治理（渠敬东、周飞舟、应星，2009），社会则呈现为由总体性社会转向多元化社会。在社会转型中，最鲜明的特征就是社会异质性增多，比如社会阶层的变化，中产阶层正在崛起，农民阶层出现分化（王春光、赵玉峰、王玉琪，2018）。社会在转型的同时对家庭也产生了影响。家庭作为社会最基本的组织和细胞，一直在承受社会转型的冲击，最明显的就是家庭养老功能的弱化，尤其是在城市地区，社会保障体系的建立和完善，使大多数城市老人在退休之后能够获得退休金，在一定程度上减少对家庭养老的依赖。

人口的变化也和家庭息息相关。谈及人口问题，人们最先想到的是人口的数量。的确，整个地球人口在从文明肇始到现在发生了巨大的变化，但是人口学研究者更重视人口数量变动背后的推动因素，如出生率、死亡率、自然增长率是最直接的影响因素。在人口学领域为数有限的理论中，最具有理论色彩的就是人口转变理论。人口转变理论是指传统人口再生产类型（即高出生率、高死亡率和低自然增长率）向现代人口再生产类型（即低出生率、低死亡率和低自然增长率）的过渡、转换。这一理论出现在中学的教科书中，大部分人耳熟能详。人口转变理论后期还发展出四阶段论、五阶段论，但是从整体上都是反映出生率、死亡率、自然增长率三者的关系。中国在近一百年的确经历了人口转变，但是很多学者也指出，相对于这种经典的人口转变，中国似乎更应该关注人口转变伴生的社会影响。人口学者李建民（2001）认为，以上所述人口转变理论皆为古典人口转变论，他又提出一个新古典人口转变论。还有学者认为，以上的人口转变仅仅是狭义上的人口转变，还应有广义上的人口转变，人口转变是多维度的（刘爽，2012）。当然，也有学者提出以上是第一次人口转变，还有第二次人口转变（Lesthaeghe and Van De Kaa，1986；刘爽，2012）。有学者认为，中国目前的人口转型应该称为后人口转变（任远，2016；李建民，2000；于学军，2000）等。笔者认为，由于中国是后发展国家，自从新中国成立之后，经典的人口转变和所谓的"后人口转变"都是相伴发生的，呈现出时空压缩的效应。这种第一次人口转变和第二次人口转变或后人口转变共同影响到中国的家庭变化。

从传统的人口转变理论来看，近几十年来，人口的死亡率、生育率、自然增长率发生了巨大变化，并推动着家庭的嬗变。先看死亡的情况，衡量人口死亡水平的一个重要指标是死亡率。回顾新中国成立后的死亡数据，可以发现中国人口死亡率下降迅速。在新中国成立之初，中国的死亡率和婴儿死亡率分别降为20.0‰和150.0‰，到2015年，中国的人口总死亡率和婴儿死亡率已分别为8.0‰和8.1‰；下降速度极快，2015年的婴儿死亡率较新中国成立之初甚至下降了近95%。在出生方面，总和生育率（TFR）从1950年的5.81下降到2015年《中国统计年鉴》公布的1.047。当然，也有学者（陈卫，杨胜慧，2014；翟振武等，2015）指出，总和生育率统计可能存在漏报情况，实际的总和生育率在1.6—1.7。但无论是1.047还是1.7，都在2.1的生育更替水平以下，整体来看总和生育率下降明显。随着死亡率和生育率的双双下降，人口自然增长率也迅速下降，从1950年左右的20‰下降到2015年的4.96‰。与此同时，中国的人口平均预期寿命得到迅速提高。据统计，2015年全国的人口平均预期寿命已经达到76.34岁。这种人口死亡率、生育率和自然增长率的历史性变化统和起来，通常被称为人口转变。它主要是指人口再生产类型"从高出生、高死亡、低增长"，经历"高出生、低死亡、高增长"，向"低出生、低死亡、低增长"的转变。很多人已经看到，中国过去数十年的这种传统人口转变直接影响到中国家庭的现代化。例如，中国正在像西方国家一样，核心家庭在全部家庭中占据着较大的比例。

在人口迁移方面，在中国语境下，人口迁移和人口流动有着不同的意涵。人口迁移主要是指人口从流出地流出之后伴随户口随迁定居在流入地，不再返回流出地。人口流动则是指人口从流出地，流出后在一定时期内居留在流入地，但因为户口仍留在流出地，使之与后者有着千丝万缕的联系。由于中国特色的户籍制度，对人口迁移定居产生一定阻碍，大量的人口空间移动属于人口流动而非人口迁移，所以在中国，人口流动受到广泛关注，尤其是农民工的流动。在改革开放伊始的20世纪80年代初，中国离开户口所在地外出的流动人口数量只不过几百万人（段成荣等，2008）；到了2015年，中国的流动人口数量达到2.47亿人，增长了数十倍。人口流动一方面解体了原有的家庭形态，如家庭里的青壮年劳动力纷纷外出打工，农村家里只剩下留守儿童和留守老人；另一方面也塑造了新的家庭形态，如目前出现的随迁家庭或者假期家庭（主要是指孩子在老家上学，寒暑假和父母一块儿生活）。

家庭的具体变化主要体现在家庭结构上的变化。家庭的结构从外在来说是家庭的规模，内在结构则表现在家庭的代数或者每代的人数，还有家庭成员的构成。其主要体现在三个方面：一是家庭规模的微型化。周长洪（2013）通过对"五普"和"六普"数据的对比发现：2010年的"六普"相比2000年"五普"家庭的平均规模下降了0.35人，2010年全国的平均家庭户规模仅为3.09人。二是家庭结构的扁平化。2010年，在平均家庭户规模缩小的同时，家庭的平均代数也由2000年的1.98代下降到2010年的1.85代；而家庭中只有一代人的比例在增加，已占到所有家庭的三分之一。另外，单人户和只有两人构成的超微家庭户的比例也在上升，尤其是在城市中上升明显，占比达到近二分之一。三是家庭类型的多样化。据国家卫计委发布的《中国家庭发展报告2015》显示：丁克家庭、空巢家庭、单人家庭正在不断地涌现。与此同时，生活方式、婚姻形式、女性劳动参与等，也反映了家庭的重大变化和变迁。

第三节 潜移默化影响下的家庭代际关系

无论是社会变革对家庭的外部压力还是家庭自身的结构性变化，如此种种导致中国家庭代际关系也在发生变化。不同于制度变革浩浩荡荡、横扫一切的趋势，中国的家庭代际关系变革较慢，体现出社会学所谓的"文化堕距"和"迟滞效应"，但家庭代际关系变化的一个鲜明特征是处在家庭现代化和传统化（或者说本土化）的对峙当中。费孝通先生早在20世纪80年代就提出，西方家庭代际关系的模式是接力式（$F1 \rightarrow F2 \rightarrow F3 \rightarrow Fn$），更加强调理性主义，诠释西方家庭代际关系的学说主要是家庭现代化理论或者是理性交换理论。虽然中国家庭代际关系的反馈机制（$F1 <=> F2 <=> F3 <=> Fn$）和西方不一样（费孝通，1983），基本上也是基于家庭功能和交换的需要，但相对于西方的理性主义，中国更强调"孝道"在维系家庭代际关系中的作用。孝道可以连接不同的代际，使这种代际的反馈延续。中西对比来看，中国家庭代际关系更注重"义"，而西方更注重"礼"。

在谈论中西方家庭代际关系的差别之前，还需要区别两个概念，一个是代内，另一个是代间。代内主要指的是一代人的责任和义务，例如，中国的成年人在这一代实际上承担两种责任，即对上要照顾老人，对下要照顾孩子，这就是一代人内不同的社会角色和社会责任。而在西方，由于社会保障体系发达，成年人不需要照顾父母，但是有抚养子女的责任。这样西方成年人只有一种责任，即抚养子女，子女长大后继续抚养子女的子女。他们之间的代际关系是在代际间发生的。

西方经济学家贝克尔（Gary S. Becker）将西方家庭这种代际间的抚养关系概括为"合作社模式"（corporate model），他认为基于理性思维和利益计算的这种模式，有助于维护西方家庭抚养模式的延续（Becker，1991）。首先，家庭如果是基于自私自利理性计算的组织，为什么要花费很大的时间成本和经济成本抚养孩子，而孩子在成年之后则不赡养父母，岂不是违背效用最大化原则？贝克尔认为，在现代西方所处的社会条件下，家庭之所以抚养孩子，是因为孩子能给父母提供精神受益或者心理满足；家庭之所以需要孩子，是将孩子当作耐用消费品来看待。实际上，孩子这种耐用消费品是和房子、汽车等耐用消费品一样，都是能够给人带来心理满足和受益的。澳大利亚人口学学家考德威尔（John Caldwell）也提出人口再生产的"代际财富流"理论，同样是基于理性和计算的关于代际关系的理论。他认为，在传统社会，子女很早就参加劳动，挣钱给父代，这样财富就从子女流向父母，而子女的抚养费用又比较低，所以父母愿意多生子女；但是在现代社会和发达地区，生产模式发生了变化，子女以独立的身份进入劳动力市场，长辈失去对子女的控制，反而子女抚养费用增加，财富开始向下流动，父母负担加重，选择控制生育，少生子女。相对于西方学者重视理性思维在家庭代际关系中的作用，中国的学者更强调"孝道"在维系家庭代际关系中的作用。"孝道"主要来源于传承两千多年的儒家文化。儒家文化经久不息，也与家庭文化的互动息息相关。儒家文化对家庭的规范做了很多详细的规定，这种规范既是仪式性的又具有实质意义。如在《说文解字》中，对"孝"的解释是："善事父母者，从老省、从子，子承老也。"孝有两个最重要意涵：一是尊祖敬宗，二是传宗接代。在传统社会中，尊祖敬宗一方面是一种仪式行为，例如，对祖先的祭祀、家谱的续写、祖先牌位的供奉；另一方面则体现在日常生活中，例如，给老人行礼，美食等先由老人享用等。而传宗接代，通常表现为一句俗语"不孝有三，无后为大"。这句话一方面代表着父子孙三代中，子代必须生育子女，并且还应该是男性；另一方面也说明子代的责任还有抚养子女。王跃生（2011）的研究就认为，自古以来代际间的经济支持就是往来不平等，因为"无后为大"，所以子代在养育子女方面更加不计较成本，为了生育一个男孩，可能会生很多孩子，这样就会导致抚养成本增加。中国的生育偏好，不仅仅是性别偏好，更多的是文化传承上的偏好，而生育子女、养育子女也成为子代父母自我实现很重要的方面。

中国社会进入转型期以来，传统的道德文化遭受到巨大冲击，尤其是中国在20世纪90年代的继续深化改革，市场经济的蓬勃发展对此更是产生全方位的影响。加之社会转型前，新中国成立后的"破四旧"、社会主义改造，甚至"文化大革命"，都对传统儒家强调的"父为子纲"的家庭伦理造成巨大的冲击。但是，家庭所具有的抚养赡养功能依然具有强大的生命力，尊老爱幼仍然作为新时代的道德观，家庭养老仍然是政府鼓励的养老模式，"孝道"依然在民众的社会生活中发挥着作用。不可忽视的是，在社会转型期，社会生活的方方面面、各个领域发生剧烈而又迅速的变化，如费孝通先生在20世纪80年代提出的传统的"反馈型"家庭代际关系正在经受着多种挑战。其挑战主要来源于几个方面：一是中国的人口老龄化加快，老年抚养比增大，"4—2—1"家庭抚养结构出现，抚养负担加重。据国家发展和改革委员会发布的《人口和社会发展报告——人口变动与公共服务》指出：从20世纪90年代到21世纪前十年，整个社会的老年抚养比呈现逐渐上升的趋势，虽然少儿的抚养比有所下降，但是随着老龄化进程的加剧，社会的整体抚养比是在加大。二是人口流动带来的留守儿童、妇女、老人等问题。《中国家庭发展报告2015》所提供的数据显示，在当前中国，流动家庭的比例接近20%，农村留守儿童占比超过1/3，留守妇女占比超过6%，留守老人占比接近1/4。三是社会保障体系和社会服务体系逐步健全，减少了家庭依赖。四是代际间的价值观差距、文化反哺、文化反授出现。文化反哺主要是指科学技术不断发展，老一代在吸收和更新文化知识方面变慢，而年青一代吸收消化新知识比较快，以往是老一代教育年青一代，现在则是年青一代向老一代传递更多的知识和文化（周晓虹，2015）。随着互联网特别是自媒体的普及，以代内反向传播为特征的文化反授现象应运而生，文化的传授者比学习者年轻，但不具有亲子式的代际年龄差异。与代际文化反哺相比，代内文化反授具有年龄差距趋近化、空间距离扩大化、传承关系多元化、施受身份瞬时化、传播内容选择化和变迁条件虚置化六大特征（陈云松等，2017）。五是科技发展的冲击，家庭被推测可能消亡，新的人际交往形式出现。尤瓦尔·赫拉利（2016）在《未来简史》中预测，随着科技的发展，人类寿命的延长，家庭可能在50—100年内消亡。与此同时，移动互联网发展、虚拟现实（Virtual Reality）、人机交互（Human - Computer Interaction）等新技术的出现和发展，也带来了新的人际交往形式。

综上所述，中国是世界上人口最多的国家，同时也是家庭数量最多的国家。中国正处于社会转型期，社会结构的变革影响了家庭结构的变革，人口的转变也促使社会变化和人口变化的互动更加密切。中国还处于社会转型中，社会、人口、文化对家庭代际关系的影响正在持续进行，存在着不确定性。相较于已经完成转型的西方发达国家，处于社会转型期的中国家庭代际关系是什么样的，更值得研究。

第四节　研究目标

实际上，在中国，家庭代际关系的研究不少，但是可能基于数据原因，大部分研究（具体见文献综述部分）只关注成年子女和父母的关系。而在现实生活中，虽然没有关于真实三代家庭的比例数据，但是整合历次人口普查的相关数据（见表1-1），可以推测出基于亲缘和血缘关系而不考虑共居的三代家庭应该占有较大比例。家庭代际关系至少是父子孙三代或者父子孙曾孙四代的关系，其中父子孙三代应该占比最大。只研究成年子女和父母的代际关系，显然不能体现现实中的真实代际关系。如老年父母对成年子女的劳务支持，是通过照料孙代来实现的，而不仅仅是两代间的互动。本书秉承着总体史观的原则，力图刻画甚至还原真实的三代家庭的代际关系。而且，现有研究在研究方法的使用和拓展方面，尤其是定量和定性的混合研究方面还比较少，在探讨家庭代际关系多个维度的互动方面还有欠缺。针对既有研究中的矛盾和不足，本书旨在以 CHARLS 的大样本的抽样调查数据分析为基础，采用更多样的定量统计方法，对家庭代际关系的现状、变迁、各维度之间的互动、类型以及影响因素等进行更为整体性且相对全面和综合的研究。本书的研究对象虽然是三代家庭的代际关系，而实质是想拓宽人口学研究的理论视野，丰富人口学在家庭代际关系方面的研究方法。

表 1-1　　人口普查中不同家庭类型的构成　　（单位：%）

普查年份	核心家庭			直系家庭				复合家庭		单人家庭	缺损家庭	其他	合计
	一对夫妇	父母子女	父母一方和子女	二代直系	三代直系	四代直系	隔代直系	二代复合	三代及以上复合				
1982	4.78	52.89	14.31		16.63	0.52	0.66	0.11	0.88	7.97		1.02	100.00
1990	6.49	57.81	9.50		16.65	0.59	0.66	0.09	1.06	6.32		0.81	100.00
2000	12.93	47.25	6.35	2.37	16.63	0.64	2.09	0.13	0.44	8.57	0.73	0.26	100.00
2010	18.46	33.14	6.02	3.03	16.47	0.71	2.78	0.58		13.67	0.93	0.93	100.00

资料来源：第三、四、五、六次人口普查数据，并参照王跃生（2006、2013）的相关数据。

围绕以上研究旨趣，本书拟实现以下研究目标。

第一，较全面地反映当前三代家庭的形貌。三代家庭代际关系是构建在三代家庭基础上的，由于缺乏现成的三代家庭数据，本书将首先根据调查数据来匹配和构建出既有的三代家庭。考虑到本书的研究目的，需要对构建三代家庭的方法进行详细说明；随后，将对三代家庭的基本情况进行描述，并探讨不同代之间的差异。了解三代家庭的基本状况，有助于理解后面所要探讨的家庭代际关系状况。本书旨在通过实证数据来回答中国的孝道和传统表达在现实中的表现。如"多子多福""啃老族""眼泪往下流""女孩是招商银行，男孩是建设银行"，这些具有中国传统文化特色的说法，一直以来缺乏实证数据的验证。

第二，通过面板数据来考察三代家庭代际关系的现状及其变动情况。家庭代际关系的呈现主要通过对经济支持、生活照料支持和情感支持三类指标的考察展示。三代家庭代际关系的现状主要使用CHARLS 2015年的数据，这也是目前成规模、有代表性、基于微观层面的调查中涉及家庭代际关系最近的调查。在三代家庭代际关系变动方面，考虑CHARLS数据最早是2008年做的先期调查，但其在家庭代际关系方面的问题并不是很详细，和后面的问卷很难对应，为此本书主要利用2011—2015年的CHARLS数据展开分析。考虑到时间比较短难以反映较长时段的家庭代际关系的变化，笔者引入口述史的方法，通过对出生在不同年代（队列）、来自不同地区的两位受访者的三代家庭的口述史来反映历史大潮中家庭代际关系的变化概况。

第三，利用结构方程模型反映多代间、多维度的复杂代际互动关系。三代家庭的代际关系既涉及父子孙三代，又反映在经济、劳务、情感三个维度上。其中的关系比较复杂，可能出现互相影响或者互相挤压的效应。结构方程模型的最大特征就是能将多个外显变量处理为一个潜在变量，并且在处理多变量的关系中具有很好的优势。本书尝试将结构方程模型引入家庭代际关系研究，从关系图表中探寻这种错综复杂的关系可能更容易让人清晰地看到内部互动的状况。

第四，通过潜类别分析探寻对家庭代际关系的类型划分。很多研究者都对中国的家庭代际关系进行了归类，但大部分研究是根据案例研究或者区域性数据进行分析的，缺乏代表性。而且，从方法的使用角度来说，也欠缺严谨性。近些年兴起的潜类别分析是进行类别分析非常有用且有效的新方法。本书将潜变量分析引入家庭代际关系研究，利用实证数据，探究中国的家庭代际关系到底可以分为几种类型，每个类型的特点是怎样的，并考察影响家庭代际关系类型的因素。

第五，通过对三代家庭代际关系的分析，深化对影响因素的认知。家庭代际关系为数不多的定量研究关注了家庭代际关系的影响因素，但却未曾有对三代家庭代际关系影响因素的讨论。本书在借鉴以前学者研究成果的基础上，立足于总体史观的视角，综合考察制度、家庭、个人等不同层面的因素对三代家庭代际关系的影响。虽然部分影响变量在以前的研究中探讨过，但是本书仍将对之做出验证性分析。同时，因为涉及的是三代家庭，分析中也将观察是否存在特殊之处。此外，学者们在探讨成年子女和父母家庭代际关系的影响因素时，主要是站在父母的立场出发，本书将主要从三代中的子代角度出发。

第五节 研究意义和价值

第一，期望能够促进人口学的跨学科研究和对家庭等基础研究的重视。有人说批评得太多是因为了解得不深。笔者转行做人口学研究，在人口学领域观察学习约三年，其间多有批评之语；直到两年半的时候，才感悟到人口学的深奥，人口学也才刚刚入门。既然已经从属于这个学科，希望能对学科的更好发展尽一己之力。毋庸讳言，从文章发表或者学科间交流的情况看，人口学仍然是一个比较封闭的学科。曾经有位教师上课时问，大家认为人口学的方法发展得怎么样？笔者当时脱口而出，好像人口学从20世纪八九十年代开始一直就停滞了，并没有太大的发展。当然，当时可能笔者对人口学的了解还不是很全面的，但是作为一个希望人口学得到很好发展并愿意为之努力的专业研究者，认为至少有一点对于现在的人口学是很重要的，就是加强跨学科研究。正如本书虽然是研究人口中的家庭问题，家庭中的代际关系问题，但渗透的却是历史学和社会学的思维，使用的也是历史学和统计学的方法。碰撞才有可能产生火花，本书的研究意义首先就是希望通过这样的研究对促进人口学的跨学科研究做些贡献。此外，从人口学界发表文章情况来看，热点问题研究得较多，如流动人口和生育率变化，但是如家庭代际关系这种基础性研究相对较少，希望通过本书能对丰富人口学界有关家庭的基础性研究有所裨益。

第二，将为转型中国家庭代际关系的现状提供大样本的经验证据，回应现今社会对家庭代际关系的笼统性概括或者一般性说法，避免"泛道德性"的评论。虽然现在"啃老一族""老人无人关心照顾，死亡多日才发现"等常常见诸报端，但是用极个别的案例来反映中国的家庭代际关系失衡或者指责某一代人的道德滑坡，显然是很不公允的。但是社会似乎正在形成这样一种舆论氛围。美国社会学家布洛维（2007）认为，有种社会学叫"公共社会学"，公共社会学的目的就是社会学者利用专业知识回应社会问题。同样，人口学作为社会学的二级学科或者说是"一分子"，也需要回应公共问题，是否在当前中国出现了严重的家庭代际关系失衡？这需要实证数据来验证，也是本书的现实意义所在。

第三，三代家庭的视角是对以往家庭代际关系研究的一定创新。笔者用了三个月来匹配数据，尝试重构三代家庭的模型，这相对于以往的家庭代际关系研究是一个突破。受数据的限制，现有的家庭代际关系研究大多是研究成年子女和父母的关系，也有少部分学者通过比较中年人分别与父母和对成年子女的互惠情况，来检视家庭资源在代际间的流向（刘汶蓉，2012），但考察的是同一时间点上两对不同家庭的代际关系，并不是真实的三代家庭。从数据中匹配处理得到的三代家庭信息和模拟的三代家庭，从实质上来讲还是有很大区别的。笔者在数据匹配的过程中也发现，随着人口平均预期寿命的增长，目前四代家庭在各类家庭中占有一定的比例，但现有数据并不支持四代家庭代际关系的研究。四代家庭的代际关系相比三代家庭会更加复杂，留待今后相关数据收集之后再研究。

第四，新方法在家庭代际关系研究中的运用。随着一些新的研究方法的出现，家庭代际关系的研究会更加深入。例如，运用结构方程模型表达错综复杂的家庭代际关系，可能更直接，也更加简单明了。运用潜变量对中国家庭代际关系的类型进行分析，有利于今后对家庭代际关系类型的比较研究。将新的方法引入传统家庭研究领域，既是对原有方法使用范围的扩展，更重要的是使研究家庭代际关系的手段更加多样化，利用新方法能揭示家庭关系更多的内涵。

第五，新思考对家庭代际关系研究的理论做出有益的补充。本书在研究中运用经典的理论，但也尝试着结合家庭代际关系的新变化对理论进行修正或完善，甚至探索衍生出新的理论。例如，笔者在解决家庭代际关系随年龄时间变化的问题时，提出家庭代际关系生命周期的理论，这是传统生命周期理论在家庭代际关系研究中的新运用。笔者还将生产理论应用到家庭代际关系中，提出家庭代际关系的再生产。这都将有利于丰富、发展现有的家庭和家庭代际关系的理论。

第六节　文章结构

本书总共分为十章，具体如下。

（1）第一部分：第一章至第四章主要阐述研究的背景、意义、对已有研究成果的梳理和文献述评，以此探寻本书的切入点和立足点，明确研究定位。在此基础上，结合相关理论提出本书的研究问题，构建本书的分析框架，最后对全书所使用的数据和分析方法做出说明。

第一章为导论，主要包括家庭代际关系研究的背景、意义和价值以及问题和目标。在研究背景方面，通过对过去30年文献计量的分析发现，相对于人口学的一些热门话题，如生育率研究，家庭代际关系的研究尚处在比较薄弱和相对"冷门"的状态，但近些年呈现出对家庭代际关系研究日益关注的趋势。家庭作为社会最基本的组织，作为人口学的基础研究应该值得重视。布罗代尔的总体史观强调通过结构性要素来发掘历史的变化，通过长时段、短时段关注历史的不同方面来更细致地刻画历史。本书受其启发，试图通过结构分析，运用微观数据、口述史、访谈资料等来刻画当前转型中国的家庭代际关系。总体来看,中国正在经历着社会转型,具体表现就是由农业社会转向工业或后工业社会,社会也由总体性社会转向多元化社会。社会在阶层、组织等方面发生重大变化,中产阶级崛起,农民工大量涌现等。同时,社会不平等程度增加,基尼系数居高不下。这种遵循西方社会的发展路径,是否也像西方社会一样,家庭也会发生重大变革呢?在社会转型的同时,中国完成第一次人口转变,人口出生率、死亡率、自然增长率都变得十分低。而在这时,西方提出后人口转变理论,主要考察人口变化和社会变化的紧密关系。在中国,这种变化也初露端倪,人口和社会的关系越来越密切,家庭作为人口的一部分,同样出现了较大变化。家庭规模微型化、结构扁平化、类别多样化,同时生活方式、婚姻形式、女性参与劳动等也反映了家庭的变迁。费孝通提出,相较于西方的接力模式($F1 \rightarrow F2 \rightarrow F3 \rightarrow Fn$),中国的代际关系是反馈模式($F1 <=> F2 <=> F3 <=> Fn$)。很多学者强调孝道的作用。这些也面临着挑战。在本章还说明了研究问题和目标、研究意义和价值。

第二章为文献综述,主要从国外文献和国内文献方面进行总结。国外文献主要从生活安排、代际规范和交流角度进行梳理总结;国内文献主要从社会变迁对家庭代际关系的影响、家庭代际关系的新走向、家庭代际关系和养老、新家庭主义几个方面进行梳理总结。最后阐释了现有研究的局限和本书的定位。

第三章为理论基础与概念框架,首先介绍了研究的理论基础,主要涵盖总体史观、第二次人口转变理论(后人口转变理论)、家庭现代化理论、家庭代际关系理论、家庭生命周期理论、社会性别理论、文化堕距理论、再生产理论等。概念界定主要区分了家庭和家庭户、代和代际关系,界定了家庭代际关系在本书的意涵,最后是本书的分析框架。

第四章为数据与方法。本书的数据主要运用CHARLS2011/2013/

2015年的数据，此外还使用了全国人口普查数据、统计年鉴数据、互联网数据等。本书的研究方法呈现多样化，总体上是定量和质性研究相结合的混合研究方法，但以定量研究为主。定量分析方法主要包括描述性统计、结构方程模型、潜类别分析、mlogit模型、logistic模型等，质性研究方法主要是口述史和访谈法。

（2）第二部分：第五章至第九章是本书的主体部分。这一部分遵循的逻辑是，首先对三代家庭的构造和基本情况进行说明，并对父子孙三代的基本情况进行对比；随后，聚焦于2015年家庭代际关系在经济往来、情感交流、劳务支持三个维度上的现状；进一步分析2011—2015年短时段和长时段家庭代际关系的变动情况。为了探讨家庭代际关系的内部互动状况，本书使用结构方程模型展开分析；对于家庭代际关系的类型，利用潜类别分析方法进行分析。最后，站在子代视角探讨制度、家庭、个人特征对家庭代际关系的影响。

第五章是对三代家庭基本结构与状况的描述。由于是利用微观数据构造的三代家庭，本章首先解释了如何利用现有数据、通过匹配的方式重现三代家庭的构造。本章作为全书的一个基础性前期描述统计分析，分别介绍了子代、父代、孙代在性别、年龄、户口、受教育水平、居住、政治面貌和宗教信仰等方面的基本特征，并对之进行三代或者两代间的比较。

第六章是阐述三代家庭代际关系的现状和变化。本章首先介绍了2015年调查得到的家庭代际关系分别在父代和子代、子代和孙代之间在经济往来、情感慰藉、劳务支持方面的状况；其次，比较了从2011年到2015年家庭代际关系的变化；最后利用口述史的方法采用两个不同地区、不同出生年份（队列）个体的案例，来补充分析家庭代际关系在时代中的演变。

第七章是三代家庭代际关系的内部互动分析。很多学者在研究家庭代际关系时仅使用经济往来、情感慰藉及劳务支持等方面的惯常指标，但对这些指标的互相影响关系，尤其是跨代之间互动的关注不多。在这一章，笔者不仅关注了父代和孙代或者孙代和子代的关系，而且还关注了父子孙三代的关系。当然，父子孙三代的关系十分复杂，本章只是从一些理论或者现实出发，提出研究假设，然后试图通过数据做出验证。其中，主要采用结构方程模型的方法。该方法在家庭代际关系研究中比较少见，本章也是结构方程模型应用在家庭代际关系研究中的某种探索。

第八章是三代家庭代际关系的潜类别分析。曾有学者做过家庭关系的潜类别分析，但是三代家庭代际关系的潜类别分析尚未见到，本章也是试图丰富家庭代际关系潜类别的研究。考虑到三代家庭相对于两代家庭更具有复杂性，在潜类别分析中也期望能得到更加有意义的发现，在进行了三代家庭代际关系潜类别分析后，本章还从宏观、中观和微观等角度分析了影响潜类别分析结果的因素。

第九章是三代家庭代际关系的影响因素分析。相对于很多学者站在老年人的视角来看家庭代际关系的影响因素，本章则站在承上启下的中间层——子代的角度来看家庭代际关系。依照总体史观要考虑更加多层次因素的思路，本章选择从制度、家庭、个人等层次入手探讨影响家庭代际关系的因素。

（3）第三部分：第十章主要是总结和讨论。本章是对以上实证分析结果的总结、概括、提升。实证结果需要结合理论分析才能更深刻地洞察家庭代际关系的特点、互动及其变化；同时，实证结果尤其是新的发现，也是对以往理论的丰富和深化。本书在实证结果的基础上，提出家庭代际关系生命周期、家庭代际再生产、三代间现代和传统的碰撞等新观点，最后提出本书的创新之处和局限性。

第二章　文献综述

家庭代际关系是一个全球性的话题。从根本上说，人口转变在全世界大范围覆盖（撒哈拉以南非洲还没有完成），是一种规律性的人口现象。虽然人口转变在各个国家或地区不是同时发生的，而且转变所需的时间也长短不一，但是这种转变必然影响了作为人口事件重要载体的家庭结构，从而影响了家庭代际关系。不能忽视的另一个因素是城市化的不断推进。人们大量从农村进入城市，居住在比农村更狭小的城市空间中，家庭代际关系必然会随之发生变化。此外，一些思潮，如女权主义、不婚主义等也不同程度地影响到家庭，同时也影响着家庭代际关系。鉴于此，中外学者对有关家庭代际关系的研究越来越重视，产生了较多的研究成果。但中外的家庭代际关系研究无论是在研究的主题还是方向上都有很大的区别，所以这里将中国和外国的文献分开梳理。受语言文字的制约，这里所指的国外文献主要是英文文献。

第一节　国外文献

20世纪以来，人类社会的家庭结构发生了很大变化。生活方式和婚姻方式的变化、生育率下降、妇女参与劳动的增加等，都从侧面影响着家庭的代际关系。许多人延迟了婚姻和生育，以便花更多的时间来追求教育目标，随后才开始组建家庭；加上生育率的持续下降，意味着家庭规模在现在比过去任何时候都要小。为此,本特森、罗森泰、伯顿(Vern Bengtson, Carolyn Rosenthal 和 Linda Burton, 1990)提出了"豆荚家族"的概念,意指多代共存,但是每一代人数都比较少的状况。青少年怀孕和非婚生子女出生率的上升在一定程度上缓解了这一趋势,Bengtson 和他的同事(1990)认为这是年龄压缩的家庭。不断变化着的家庭结构对家庭代际关系产生了影响,但影响的结果还不清楚,可能会导致家庭代际关系更加亲密,也可能导致代际间的冲突(Bengtson, Rosenthal 和 Burton, 1996)。在美国,离婚和再婚率上升,使美国的家庭代际关系变化进一步复杂化。1970—1990 年,美国的离婚率大约翻了一番(Cherlin, 1992; Martin 和 Bumpass, 1989),并保持较高的增长;而在所有的第一次婚姻中,有超过一半最终离婚。家庭变化的最后一个趋势是妇女劳动力参与度的增加。绝大多数家庭的妇女现在都参加工作。这种参与对个人或夫妇的退休时间、退休后的财富、亲子关系以及弱势老年人的家庭照顾(Zarit 和 Eggebeen, 1995),都有影响。

国外文献中,也有关于中国家庭代际关系的研究。陈恒伟和梅里尔·西尔沃斯坦(Hengwei Chen 和 Merril Silverstein, 2000)指出,当代中国经济发展带来的家庭结构和家庭结构的改变打破了原有的扩展家庭模式。随着更小的家庭和核心家庭的增加,一种新型的生活安排已经出现,他们称之为"网络家庭"。年轻人强调是与个人结婚而非与整个家庭结婚,但小家庭又往往住在父母亲附近,以便向老年人提供帮助或者接受老年人的帮助。包含中国的一项关于家庭和国家保障制度之间关系的跨国研究揭示,家庭可能通过改变家庭功能继续向老年人提供高水平的照料(Davey 和 Patsios, 1999)。

一 生活安排

人口和家庭结构的变化塑造了老年人与成年子女的生活安排。虽然这些变化在不同的国家(地区)和不同文化上有所不同,但 20 世纪后半叶的特点整体来看是家庭人数下降、核心家庭增加。发达国家和发展中国家的生育率下降与移民人数的增加都减少了家庭的平均人数，导致家庭网络分散，家庭单身人口比例正在上升。这些趋势的影响因素既包括规范性变化，如延迟婚姻和性别角色的转变，又包括更高的离婚率以及配偶死亡的老年人人数的不断增加。

发达国家家庭生活安排中，最显著的变化是老年人和子女同居的比例下降。桑德斯托姆（Gerdt Sundstrom，1993）研究了家庭生活安排的历史趋势，发现自1950年以来，西方国家和日本的老年人与子女的同住比例呈下降趋势，瑞典老年人尤其如此，比美国还要低。在20世纪50年代初，27%的瑞典老年人与他们的孩子一起生活，而在美国则为33%。现在，瑞典老年人与其子女的同居率下降到5%左右，而美国则为15%。单身生活的可能性随着年龄的增长而增加，尽管到了老年人失能时可能会下降。因为婚龄差的存在，女性往往比配偶年轻，因此在所有大年龄的年龄组别中，单身女性的比例通常高于男性。数据显示，美国的老年男性几乎都会和配偶一起生活。相比之下，年老女性最有可能独居或与孩子一起生活（Himes，Hogan和Eggebeen，1996）。

独自居住的老年人在西方发达国家占有较大的比例，但是研究发现：年轻人推迟了离巢，越来越多的成年子女在过渡期、经济困难或婚姻问题期间都返回原生家庭。显然，在这些情况下，年轻人回巢主要是因为自身的需求，而不是照顾父母。研究发现，儿子比女儿更有可能延迟离家，并更可能返回家庭（Goldscheider和Goldscheider，1994）。此外，阿尔文·杜安恩（Alwin Duane，1996）发现，与老年人相比，年轻人更容易形成核心家庭，也更倾向于组建核心家庭，这可能是因为成年子女对核心家庭有着更积极的经历（Ward和Spitze，1996）。父子亲密关系在单亲或者再婚母亲和单亲父亲组建的家庭中较为普遍，在和再婚父亲组建的家庭中很难产生亲密的父子关系（Szinovacz，1997）。

生活安排的方式很重要，因为它们影响到代际间的帮助和支持，同时也反映了文化偏好。英国亲子关系的增强更可能来自老一辈的需要；而在意大利，父母和子女之间的互助主要是因为有强有力的文化规范（Glaser 和 Tomassini，2000）。对发展中国家老年人生活安排的考察表明，相对较少的老年人独居，60 岁以上的韩国人中，有三分之一与他们的孩子一起生活。韩国父母比其他国家的父母更有可能生活在儿子身边，也更有可能和已婚的孩子一起生活（Won 和 Lee，1999）。秋山本子（1991）考察了七个不同的发展中国家：巴西、埃及、印度、韩国、新加坡、泰国和津巴布韦，发现尽管社会经济和人口状况发生了变化，但年龄较大的父母仍然与成年子女保持较多的联系。在这些国家中，印度、新加坡、泰国和韩国的老年父母与已婚子女的共居率较高，埃及和巴西则很低。

二 代际规范和交流

本特森等的代际团结理论（Mangen，Bengtson 和 Landry，1988）指出，在生活安排（结构）、共同价值观（规范性）、规范（自愿）、接触（关联）、亲密的（有意义的）和工具的支持（功能）等方面，老一代通常被认为投资于年青一代，因为资源往往是从老年人流向下一代。最近对代际关系的解释主要集中在每一代人的需求和资源差异上，认识到代际关系积极和消极作用的新观点进一步推动人们对家庭代际关系的理解。例如，戴维和诺利斯（Adam Davey 和 Joan Norris，1998）研究了年轻人和老年人对社会支持网络的特定成员提供支持的看法，以及寻求这些人支持的成本。他们认为，在密切的关系中，个人更容易表达需求。同样，作为寻求支持的短期互惠的可能性较低。调查结果还表明，对于支持和互惠的期望在不同的密切关系之间有所不同。还有证据表明，老年人比年轻人更注重区分是互惠还是单方面援助。个人的社会资源可能随着年龄的增长而减少，所以年轻人应更加重视他们现实中的亲密关系，而不是那些在社交网络中并不重要的关系。一些学者研究还发现，非裔美国人更期望老年后得到照顾，而且他们照顾老人的责任感比欧裔美国人要高（Lee，Peek，Coward，1998）。同样，在许多亚洲国家，代际经济支持的流动主要从成年子女到老年父母。利拉德和威利斯（Lee Lillard 和 Robert Willis）（1997）发现，马来西亚父母与子女之间货币转移的主导方向是从年轻人到老年人。了解个人对家庭代际关系中代际支持的看法很重要，但代际规范的作用也不容忽视。艾格宾和戴维（David Eggebeen 和 Adam Davey，1998）通过相关数据对这个问题进行了研究。他们指出，超过50岁的人，个人通常会经历很多事件，如配偶去世、健康状况下降、活动能力下降、收入大幅下降等。在美国家庭中，五分之一以上的家庭中，有三分之二以上的个人，在五年内经历了一次或多次此类事件。此外，每个过渡阶段（占样本总数的27%经历了一次以上）与父母从至少一名成年子女获得援助的可能性增加有关。对于任何形式的援助（即帮助购物、帮助日常生活活动），都有助于50岁以上的人度过过渡阶段。这些结果说明了社会规范的力量。卡伦·格拉泽（Caren Maria Fischer）和塞西莉亚·托马西尼（Cecilia Tomassini）（2000）的跨文化研究发现了类似的现象。他们发现，英国的亲子关系更可能来自老一代，特别是老一代健康的需求。相比之下，意大利的亲子关系可能反映了文化偏好。接受的支持可能会对老年人的精神健康和福祉产生影响。戴维和艾格宾（Davey 和 Eggebeen，1998）发现，与成年子女关系较好的老年人，比基于以前预测的功能水平会大大提高。这与社会交换理论的预测形成鲜明对比，只是部分地符合公平理论的预测。

在发展中国家（如中国），成年子女接受老年人支持的机会对父母的幸福至关重要。老年父母受益于孩子的情感和经济支持，只有向成年子女提供工具支持（而不是财政支持），才能提高两代人的士气（Chen 和 Silverstein，2000）。此外，向成年子女提供支持对心理健康很重要。这可能是因为它提高了家长的家庭权力，增强了与孩子交流的能力。老年父母能够向成年子女提供的托儿服务和家庭服务可以作为获得子女经济支持的前提，这是一种互惠关系。

有证据表明，婚姻破裂导致接触减少，降低了家庭代际关系的质量，并减少了两代人之间的交流和相互支持。这些影响对于母亲和父亲来说是不同的。保罗·阿马托（Paul Amato）、桑德拉·雷扎克（Sandra Rezac）和艾伦·布斯（Alan Booth）（1995）利用面板数据来检验婚姻质量、离婚和再婚对交换援助的影响。他们发现，离婚减少了父亲和子女之间的帮助，而不是在母亲和子女之间。虽然单亲母亲得到更多的帮助，但相对处在婚姻状态的母亲，目前还是较少。有趣的是，再婚的母亲和已婚母亲付出的一样多，但是她们得到的帮助则少得多。弗斯腾伯格、霍夫曼、斯瑞斯塔（Frank Furstenberg, Saul Hoffman 和 Laura Shreshta, 1995）的一项研究证实，在研究男女性在家庭代际关系方面的差异时，需要考虑离婚发生的时间。当离婚发生在子女都未成年时，对后面其长大后给母亲和父亲的经济支持的差异不是很大。

孙代的存在也影响了老年父母与成年子女之间的交往关系。西尔沃斯坦和莫伦柯（Merril Silverstein 和 Anne Marenco）（2001）发现，年轻的爷爷奶奶更倾向于与孙代一起生活并有更多的接触。年轻的爷爷奶奶经常和他们一起休闲，进行娱乐活动。爷爷往往提供经济援助，这更加强烈地确定了这种援助有助于加强家庭代际关系。在完成的有关祖父母照顾孙代的文献综述中，安妮·佩列利（Anne Pebley）和劳拉·鲁德金（Laura Rudkin）（1999）指出，1995 年约有 5.6%的儿童住在祖父母的家庭中（这些数字包括生活在祖父母家中的孙子女，其中一个或两个父母都在这个家庭）。非裔美国人、西班牙裔和贫困人口比享受养老保险的家庭，祖父母负担照顾孙代的责任相对最大。虽然大多数祖父母表示说，他们喜欢照顾孙代，但也遇到了角色超负荷的压力（Burton, 1996）。

代际关系在整个生命过程中仍然很重要。它们在发达国家和发展中国家、东西方文化中都发挥着重要作用，对每一代人的健康和福祉都有影响。代际关系的结构特征表明，它们在全面的人口和社会结构变化中具有高度的适应性。

有关国外文献更简明的概括与说明，可见表2-1。

表2-1 国外已有研究成果

研究主题	作者	主要观点
家庭结构变化对家庭代际关系的影响	Vern Bengtson, Carolyn Rosenthal and Linda Burton, 1990	豌豆荚家庭（beanpole family）形成代际年龄差变小，每一代的人数变少，然后像豌豆荚一样
	Bengtson, Rosenthal and Burton, 1996	青少年怀孕和非婚生育率上升造成代际年龄的压缩，但是这种变化是让代际关系更亲密还是冲突，目前还不清楚
	Krzyzowski and Lukasz, 2011	代际收缩（intergenerational contraction）造成豌豆荚家庭代际关系
婚姻形式变化对家庭代际关系的影响	Martin and Bumpass, 1989; Cherlin, 1992	1970—1990年，美国的离婚率翻了一番，婚姻的解体和重组影响到家庭代际关系，经历过离婚再婚的老年人突然发现自己身处生物学子女、继子女以及孙代的复杂关系中
性别差异和家庭代际关系的影响	Zarit and Eggebeen, 1995	妇女参与二作影响了家庭财富、老人照料和儿童养育
	Goldscheider and Goldscheider, 1994	儿子比女儿更早离开家庭，也更早地返回家庭
	Won and Lee, 1999	韩国父母更喜欢和儿子生活在一起，也更倾向于和已婚孩子生活在一起
	Whyte, 2004	中国的儿子是主要的孝道承担者和照顾提供者
	Anning Hu, 2017	中国女儿付出很多，回报很少
生活安排	Gerdt Sundstrom, 1993	通过对家庭居住安排的历史研究发现：自1950年以来，欧美及日本的老年人和子女同居比例下降。以瑞典和美国为例，从1950年到1990年瑞典从27%下降到5%，美国从33%下降到15%
	Himes, Hogan and Eggebeen, 1996	美国老年男性一般和配偶生活，但是丧偶后更倾向于和子女生活
	Akiko Hashimoto, 1991	印度、新加坡、泰国、韩国的年长父母更愿意和子女在一起生活，而巴西和埃及则不明显

续表

研究主题	作者	主要观点
亲子关系的影响因素	Glaser and Tomassini, 2000	意大利和英国的亲子关系影响因素不同，英国可能是基于老一辈的需求，而意大利则受家庭文化影响
	Szinovacz 1997	亲子关系在单身母亲或父亲以及再婚的母亲较为亲密，而再婚的父亲则不明显
	Jordan, 2016	妇女丧偶后继续留在丈夫家里承担养老义务会被称为"忠诚的寡妇"（chaste widows），相反则会遭受巨大的社会压力
代际流动	Adam Davey and Joan Norris, 1998	老年人和年轻人获得帮助的期望不同，老年人倾向于从亲密关系中获得帮助，而年轻人更喜欢社交网络
	Lee Lillard and Robert Willis, 1997	母语非马来西亚语的经济流动是从子代流向父代
	Cong and Silverstein, 2012	中国现在不像以往把财产都留给男性继承者，更加分散，这反映了财富的"家庭序列分隔"（serial division of families）
	Jiang, Li and Feldman, 2015	中国老年人的遗产还是倾向于留给儿子
父代和孙代关系	Merril Silverstein and Anne Marenco, 2001	年轻的祖父母更容易和孙代保持良好互动与密切关系
	Anne Pebley and Laura Rudkin, 1999	1995年，5.6%的儿童居住在祖父母家

第二节 国内文献

近些年来，我国学者对家庭代际关系的研究也逐渐增多。究其原因，是因为家庭代际关系实际上是一个非常宽泛且具有延伸性的概念。从对我国学界家庭代际关系研究成果发表情况来看，家庭代际关系的研究在20世纪后半段每个年度都是个位数的发表文章数，但在2000年以后，尤其是2005年以后，学界对家庭代际关系的关注日益增多，每年发表的文章数都在20篇以上。到2017年，这一专题的研究成果甚至达到近200篇。这说明我国学界开始意识到家庭代际关系研究作为家庭的基础性研究的重要性，对家庭代际关系的关注开始增多。通过对家庭代际关系研究相关文献的梳理和分析，可以发现学界关注社会变迁对家庭代际关系的影响，家庭代际关系和性别，家庭代际流动，家庭变动和家庭代际关系，流动对家庭代际关系的影响，科技发展、独生子女政策对家庭代际关系的影响等反映家庭代际关系新动向的问题，以及海外中国学者提出的"新家庭主义"。

一 社会变迁对家庭代际关系的影响

家庭代际关系是家庭成员在横向或者纵向上相互作用、相互影响，并且在一定时期内相对稳定的关系模式（邓伟志、徐榕，2001）。本书主要关注其中的纵向关系。这种纵向代际间的关系被一部分学者表述为"养老"和"抚幼"，但实际上，家庭代际关系不仅仅是对上的养老和对下的抚幼，还有处于成年的亲子代之间的互相支持。学者们普遍关注到，在整个社会宏观层面变迁的背景下，家庭也发生了变化，主要表现为家庭规模小型化和家庭结构核心化。很多学者意识到这个问题，加强了社会变迁对家庭代际关系影响的研究，但是对影响的后果，学者们的观点并不一致。边馥琴和约翰·罗根（2001）利用定量研究的方法研究了现代化对中国家庭代际关系的影响。他们认为：整体来看，工业化、城市化和现代化并未对中国的家庭代际关系产生本质的影响，只是对代际间居住安排等方面有缓慢的改变，中国的家庭依然承担着赡养老人和抚育子女的责任，依然在社会保障和社会福利领域扮演着重要角色。无独有偶，杨菊华和李路路在2009年同样采用定量研究的方法，基于东亚国家和地区间的比较，考察了代际互动和家庭凝聚力。他们认为，现代化的进程并没有导致家庭功能的衰落，代际在日常照料、经济支持、情感慰藉等方面依然存在密切的互动。徐勤（2011）也采用定量的研究方法考察了老年人的代际交往情况。她认为，中国代际交往的基本模式没有改变，依然是以子女支持老人为主，老人帮助子女为辅。但与此同时，质性研究者却得出相反的结论。如中国社会科学院社会学研究所课题组（2007）通过走访调查，认为农村的家庭养老制度正在从以亲情和道德感约束为主的模式转变为以法律和行政干预等外部性因素约束为主的模式，老年人的社会地位全面边缘化。刘桂莉（2005）用"眼泪往下流"来描述家庭代际关系向年青一代倾斜的问题。贺雪峰（2009）则用"恩往下流"描述农村家庭代际关系的逆反哺。陈柏峰（2009）在湖北省京山县对老人自杀问题的研究发现，农村老人的家庭地位持续下滑，失去了与子女发生冲突的能力和信心，代际交换越来越不平衡，导致老年人绝望自杀率居高不下。定量研究者和质性研究者关于家庭代际关系的争论到目前也没有一个确定的结论，但是学者们普遍认为：随着家庭结构的变动尤其是核心家庭的增多，家庭原有的赡养功能逐渐弱化，并且随着人口老龄化的加剧以及独生子女政策造成对子女关注的增多等，都影响到了家庭的代际关系。此外，还有一些学者从养老的角度探讨了家庭代际关系的影响（原新，2004；董之鹰，2005；吕宜灵，2007；潘允康，1985）。

二 家庭代际关系和性别

在中国传统的孝道文化中，对男性和女性的责任有着较为明确的规定。例如，男性应当承担赡养父母的责任，也会继承家庭的财产。但是随着社会的变迁，尤其是新中国成立后男女平等意识的提高，家庭代际关系中的男女角色也发生了一些变化。于是，有学者采用社会性别的视角来研究家庭代际关系。唐灿等（2009）通过对浙江一个村庄的考察发现：在父系家庭制度中，作为父亲家庭的非正式成员，不承担赡养父母和家计责任的女儿，越来越多地在娘家的经济和家庭福利等方面扮演重要角色。她们认为：女儿的赡养行为折射出农村家庭在社会变迁中兼容传统和现代两种结构，彼此既有冲突又有混合和互补的现状。于长永（2012）基于2009年全国10个省份千户农民的调查数据，利用逐步回归技术和交互分析方法，实证分析农民"养儿防老"观念的代际差异及其转变趋向。结果显示，农民"养儿防老"观念表现出显著的代际差异，并且随着时代的发展，农民"养儿防老"观念呈现出明显的弱化趋势，而"养女防老"观念正在农村悄然兴起。农民"养儿防老"观念受多种因素影响，代际差异明显。"养儿防老"观念重点转向依靠自己，但依靠子女和依靠社保也成为农民应对老年生活风险的重要策略。农民养老保障策略的"三足鼎立之势"已经显现，即以"依靠自己"为主、"依靠子女"为基础、"依靠社保"为补充的福利三角框架。复旦大学的胡安宁（2017）也关注家庭代际关系互动中的交换，他利用定量数据研究证明，在中国大陆地区，对于家庭，女儿总是付出很多、获得很少。整体来看，这些学者的研究都表明，在社会转型期，在家庭代际关系中，男女的性别角色定位发生了较大的变化。

三 家庭代际流动

家庭代际间财务、劳务、情感的流动，一直是学术界关注的重点。王跃生（2011）认为：就当代而言，家庭代际关系的传统维系力量已被削弱，新的维系手段表现出由多元到单元之变。代际关系变动中，既有值得称道的进步，也存在诸多问题。社会组织应注意引导代际关系的发展方向：通过社会保障制度建设和提高老年人自身经济能力，降低亲代对子代的赡养依赖；继续推动子代义务、责任和权利由儿子单系承担和享有向儿女双系发展；加强道德力量在代际亲情关系维系中的作用；注意化解代际财产传承多元化所出现的家庭和社会问题。徐安琪（2001）则认为：随着老年人领取退休金者的增加以及青年人经济资源的丰厚，两代人的相互经济依赖减弱，有利于家庭代际关系的平等和独立。郭志刚等（1998）认为：对于当代老年人家庭，无论是城市还是农村，代际经济流动的主要方向都是子代流向父代，这也说明子女供养老人仍是我国养老的主要方式。刘汶蓉（2016）认为，当下中国城市家庭代际关系的自反性并未导致家庭的个体化，相反，代际责任伦理在家庭成员的自反性生涯和协商实践中得以再造。社会转型强化了"亲子一体"的情感结构，让代际互助传统表现出强大的文化抗逆性。熊波（2015）在《关系与互动——农村家庭代际支持研究》一书中区分了五类家庭关系，即情感性关系、联系性关系、一致性关系、规范性关系和结构性关系，这五种类别对家庭养老都有不同的影响。在家庭代际流动方面，学者们的研究也存在冲突的地方。有的学者认为仍然是子代流向父代，而有的学者则认为已经产生了向下一代的倾斜。

四　家庭代际关系的新动向

根据已有的研究，家庭代际关系的新走向主要集中在以下几个方面：（1）家庭代际关系的平等化和民主化。首先，随着老年人领取退休金者的增加以及青年人经济资源的丰厚，两代人的相互经济依赖减弱，有利于家庭代际关系的平等和独立（徐安琪，2001）。其次，随着社会从传统向现代转型，知识和技术更新周期不断缩短，一度被视为社会财富的老年人的生活和生产经验几乎失去它的传承价值，由此导致老年人家庭经济和社会地位的下降，传统家庭中的父母绝对权威在社会变迁大潮中受到严重冲击（田雪原，2007）。相反，在社会变革加剧的今天，年青一代对社会生活中出现的一切新事物——从电子计算机到市场经济的运行法则，不但表现出浓厚的兴趣，而且体现出远远胜过父辈的接受和适应能力。具体到家庭生活和亲子间的文化传承中，两代人在授受和适应新事物能力上的这种差别，使得"文化反哺"或"反向社会化"现象变得愈加鲜明（周晓虹，2000）。这种现象既提高了子女在家庭中的地位和决策权，同时也提高了父母对速变社会的适应能力。亲子间的"代沟"减少了对立，增加了理解、宽容和取长补短的融合。（2）分而不离的代际关系。随着社会经济的发展、人口老龄化进程的加快，在家庭人口数减少的情况下，老年人的居住方式，老年人究竟同谁住在一起，何种因素影响他们居住方式的选择等问题，引起人们的关注。王江萍（2002）和徐安琪（2001）分别选取武汉和上海两座城市展开实证调查，对城市家庭居住方式的现状和意愿等进行具体分析。王树新（1995）、熊跃根

(1998)、陈明立（2006）等则从理论研究的层面，探讨了共居供养模式弱化的原因、分而不离供养方式的可行性和分而不离供养方式与代际关系等问题。（3）人口流动对家庭代际关系的影响。崔烨和靳小怡（2015）发现：农民工家庭中存在紧密型、远但亲近型、近但有间型与疏离型四种关系类型，其中最具传统大家庭特征和强凝聚力的紧密型关系，仍是农民工家庭中最普遍的关系类型，但已深刻地打上城镇化烙印，反映了传统农村家庭代际关系的传承与变迁特征；远但亲近型关系反映了城乡人口流动背景下外出务工子女远距离赡养父母的努力，子女对父母的情感成为维系家庭代际关系的新的重要纽带。孙鹃娟（2010）发现，虽然农村留守老人在居住方式上出现独居化、空巢化和隔代化的趋势，且在与外出子女间的代际资源交换中并未明显获益，但通过子女外出前后留守老人生活满意度的对比，发现留守老人的生活满意度显著提高。（4）独生子女政策对家庭代际关系的影响。宋健和黄菲（2011）发现：独生子女比非独生子女更可能与父母同住，并得到父母较多的经济帮助；独生子女与非独生子女在给予父母经济支持和情感联络方面并无显著差异。就业、结婚和生育等生命事件，对代际互动有重要影响。在业、在婚、已育子女更可能与父母分开居住，更少接受父母的帮助，更少与父母有情感联络，但会给予父母更多的经济支持。

五　新家庭主义

针对中国学者由家庭代际关系新变化所提出的概念，如"父母权威的回归"（阎云翔）、"无限捆绑的代际关系"（吴小英）、"严母慈祖"（肖索未）、"多干事少说话"的"第二个保姆"（沈奕斐）、"协商式亲密关系"（钟晓慧、何式凝）等，身在海外的中国学者阎云翔根据几十年来他在东北一个农村的田野调查，提出了新家庭主义（neo-familism）的观点。这个观点的核心特点在于，相较于阎云翔（2006）之前提出的"无公德的个人"，新家庭主义体现在家庭部分地实现了对传统家庭观念的回归。首先,新家庭主义强调纵向代际关系的重要性强于横向夫妻关系。其次,新家庭主义主张家庭重新成为家庭成员共同行动的单元。最后,提出新家庭主义理念下,父母权力开始回归。同时,中国的新家庭主义与传统家庭主义并不相同。这种区别首先表现在代际亲密程度的增强与等级观念的淡化上。新家庭主义的孝道为"孝而不顺"。而且,传统家庭主义重先祖,新家庭主义则重孙代。

国内学者已有研究成果更为明晰的综述详见表2-2。

表2-2　　　　　　　　　　国内已有研究成果

研究主题	作者	主要观点
社会变迁对家庭代际关系的影响	邓伟志、徐榕,2001	家庭代际关系既有横向的关系组合,也有纵向的关系组合。前者指同代人之间的联系形式;后者指代际的联系方式,主要体现为"养老"与"抚幼"(拓展)
	边馥琴、约翰·罗根,2001	随工业化、城市化和现代化的进程,中国家庭代际关系并未出现根本性变化,而仅仅是代际成员居住形式等细节方面的缓慢改变。家庭仍然承担着赡养老人、抚养孩子的重任,仍然在社会福利和社会保障领域扮演着重要角色(中立)
	中国社会科学院社会学研究所课题组,2007	农村的家庭养老制度正在从以亲情和道德感约束为主的模式转变为以法律和行政干预等外部性因素约束为主的模式,老年人的社会地位全面边缘化(走访调查)
	刘桂莉,2005	"眼泪往下流",家庭代际关系倾斜问题(质性研究)
	贺雪峰,2009	"恩往下流",描述农村家庭代际关系的逆反哺(质性研究)
	陈柏峰,2009	在湖北省京山县对老人自杀问题的研究发现,农村老人的家庭地位持续下滑,失去与子女发生冲突的能力和信心;代际交换越来越不平衡,导致老人绝望,自杀率居高不下(质性研究)
	杨菊华、李路路,2009	现代化的进程并没有导致家庭功能的衰落,代际在日常照料、经济支持、情感慰藉等方面依然存在密切的互动(定量研究)
	徐勤,2011	中国代际交往的基本模式没有改变,依然是以子女支持老人为主,老人帮助子女为辅(定量研究)

续表

研究主题	作者	主要观点
家庭代际关系和性别	唐灿、马春华、石金群，2009	在父系家庭制度中，作为父亲家庭的非正式成员，不承担赡养父母和家计责任的女儿，越来越多地在娘家的经济和家庭福利等方面扮演重要角色
	于长永，2012	农民"养儿防老"观念表现出显著的代际差异，并且随着时代的发展，农民"养儿防老"观念呈现出明显的弱化趋势，"养女防老"观念正在农村悄然兴起。农民"养儿防老"观念受多种因素影响，代际差异明显。"养儿防老"观念重点转向"依靠自己"，但"依靠子女"和"依靠社保"也成为农民应对老年生活风险的重要策略。农民养老保障策略的"三足鼎立之势"已经显现，即以"依靠自己"为主、"依靠子女"为基础、"依靠社保"为补充的福利三角框架
家庭代际流动	王跃生，2011	就当代而言，家庭代际关系的传统维系力量已被削弱，新的维系手段表现出由多元到单元之变。代际关系变动中既有值得称道的进步，也存在诸多问题。社会组织应注意引导代际关系的发展方向：通过社会保障制度建设和提高老年人自身经济能力，降低亲代对子代的赡养依赖；继续推动子代义务、责任和权利，从儿子单系承担和享有向儿女双系发展；加强道德力量在代际亲情关系维系中的作用；注意化解代际财产传承多元化所出现的家庭和社会问题
	徐安琪，2001	随着老年人领取退休金者的增加以及青年人经济资源的丰厚，两代人的相互经济依赖减弱，有利于家庭代际关系的平等和独立
	郭志刚，1998	对于当代老年人家庭，无论是城市还是农村，代际经济流动的主要方向都是子代流向父代，这也说明子女供养老人仍是我国养老的主要方式
	刘汶蓉，2016	当下中国城市家庭代际关系的自反性并未导致家庭的个体化，相反，代际责任伦理在家庭成员的自反性生涯和协商实践中得以再造。社会转型强化了"亲子一体"的情感结构，让代际互助传统表现出强大的文化抗逆性
家庭变动和家庭代际关系	孙鹃娟，2010	虽然农村留守老人在居住方式上出现了独居化、空巢化和隔代化的趋势，且在与外出子女间的代际资源交换中并未明显获益，但通过子女外出前后留守老人生活满意度的对比，发现留守老人的生活满意度显著提高
	王树新，1995	"分而不离"的居住方式及其养老模式是消除代际矛盾的好办法

续表

研究主题	作者	主要观点
流动对家庭代际关系的影响	崔烨、靳小怡，2015	发现农民工家庭中存在紧密型、远但亲近型、近但有间型与疏离型四种关系类型，其中最具传统大家庭特征和强凝聚力的紧密型关系仍是农民工家庭中最普遍的关系类型，但已深刻地打上城镇化烙印，反映了传统农村家庭代际关系的传承与变迁特征；远但亲近型关系反映了城乡人口流动背景下外出务工子女远距离赡养父母的努力，子女对父母的情感成为维系家庭代际关系的新的重要纽带
科技发展对家庭关系的影响	周晓虹，2000	从电子计算机到市场经济的运行法则，家庭生活和亲子间的文化传承中，两代人在授受和适应新事物能力上的这种差别，使"文化反哺"或"反向社会化"现象变得愈加鲜明
独生子女和代际关系	宋健、黄菲，2011	独生子女比非独生子女更可能与父母同住，并得到父母较多的经济帮助；独生子女与非独生子女在给予父母经济支持和情感联络方面并无显著差异。就业、结婚和生育等生命事件，对代际互动有重要影响。在业、在婚、已育子女更可能与父母分开居住，更少接受父母的帮助，更少与父母情感联络，但会给予父母更多的经济支持
家庭代际关系对养老的影响	熊波，2015	情感性关系、联系性关系、一致性关系、规范性关系和结构性关系，对家庭养老都有不同的影响（定量研究和质性研究相结合）

第三节 现有研究的局限和定位

从文献梳理的情况来看，国外的家庭代际关系研究在20世纪中叶便已开始。这可能与它们较早地完成人口转变有关，家庭变革来得更早一些。我国相关研究较早的是在20世纪90年代，在2000年左右，家庭代际关系的研究形成一个小高潮。可见研究有在地属性，与地区的人口变化和社会经济发展有着密切的关系。毫无疑问，中外的研究都对本书的写作有较大的启示。整体看，（1）国外侧重研究家庭现代性进行对家庭代际关系的影响。家庭代际关系是基于理性和计算，如贝克尔（Becker，1991）的"合作社模型"；国内则侧重探讨

"孝道"等传统文化的作用（唐有财，2011）等。（2）国外文献着重探讨社会发展影响家庭代际关系的复杂性，如由于离婚潮，婚姻经历复杂的老人发现自身处于亲生子女、继子女及孙代的复杂关系中（Cherlin，1992）；国内则探讨现代化对家庭代际关系的影响。（3）国内家庭代际关系的研究基于不同的研究方法得出不同的结论。质性研究者提出"恩往下流"（贺雪峰，2009）、"眼泪往下流"（刘桂莉，2005）的代际倾斜，定量研究者则认为家庭代际关系反馈机制变化不大，现代化作用有限（徐勤，2011；杨菊华，2009）。（4）有学者还提出不同于以往的"新家庭主义"观点（阎云翔，2017）。

正如牛顿所言：我比别人看得远，是因为我站在巨人的肩膀上。以上文献以及后面章节引用的文献就是巨人的肩膀，但是牛顿在这句话里有个潜台词，我们站在巨人的肩膀上，至少还是要比巨人的肩膀高一点的。尽管现有的关于家庭代际关系的研究成果已经比较丰富，但是仍然存在一定的局限性和薄弱环节。经过笔者的系统总结和比较，认为局限性和薄弱环节主要表现在以下几个方面。

（1）在笔者所能收集到的资料范围内，中外家庭代际关系的研究都主要聚焦在成年子女和父母的关系上，也就是大部分研究的是父子两代的关系，而且这个父子两代属于较为"老"的两代。"老"两代的研究可以反映很多代际问题，但现实当中，家庭代际关系往往是三代纠缠在一起。例如，子代给予父代经济支持和劳务支持，父代回馈子代却是用帮助子代照顾孙代来实现的。有少数质性研究的学者（如郭俊霞）和极少数定量研究的学者（如刘汶蓉）意识到了这个问题，自己收集质性数据或者将不是真实三代家庭关系的按照年龄来拟合成三代关系进行研究。但是无论从样本数量还是从拟合程度上看，和大样本的三代真实家庭还是存在较大的差距。所以，本书基于大样本微观数据的真实父子孙三代家庭的代际关系进行研究，可以在一定程度上弥补现有研究的不足。

（2）从研究方法上看，文献呈现出质性研究和定量研究二分天下的局面，但从历时性上看，早期质性研究多，后期定量研究多，而且近几年，质性和定量研究相结合的混合研究也开始出现。或许是受早期定量方法运用能力的局限，现有的定量研究主要采用线性回归和logistics 回归方法。事实上，这两种方法在展示家庭代际关系的复杂性上有所不足，尤其是当把家庭代际关系用多维指标来操作化的时候，如将家庭代际关系操作化为涉及经济、劳务、情感的三类指标。本书采用较为流行的混合研究方法，主要以定量研究为主，质性研究只是起到补充说明的作用。若干章节中，主要通过质性研究做进一步的解释和原因的挖掘，这样便于使研究不仅仅停留在"是什么"的阶段，还会深入"为什么"的层面，使研究更深入，也更有意义。另外，在具体研究手段上，本书采用统计学领域方兴未艾的结构方程模型，其优点是能够将多个外显变量反映为一个潜在变量。家庭代际关系比较复杂，尤其是三代的家庭代际关系，还要分为三个维度，就更加复杂了，将结构方程模型应用于此是比较适合的。另外，本书也会采用潜类别分析对家庭代际关系的类别进行分析。家庭代际关系类型分析的成果有一些，但大多基于案例或者理论预设，缺乏利用更具有代表性数据的实证分析。此外，家庭代际关系可能是一个在生命历程角度绵延起伏的过程。口述史能很好地刻画这一过程，在数据并不能支持太长时段家庭代际关系变动的呈现时，尝试采用口述史的方法予以弥补，虽然可能不具有代表性，但也能从某些侧面说明一定的问题。

（3）现有的研究只是就家庭代际关系研究家庭代际关系，缺乏更广泛的社会性视角。事实上，家庭代际关系可能是家庭代际关系再生产的一种形式或载体。举个例子来说，父代对子代关照少，有可能会影响子代对孙代关照也少，同时，这种家庭关系再生产也会影响到家庭成员的社会表现。然而，大多数文献只静态地讨论家庭代际关系，尤其是从家庭代际关系对老年人照顾的影响角度出发的研究较多。本书突破之处在于，意识到站在三代家庭代际关系再生产角度思考，作为承上启下的中间一代——子代的特征和其所处的社会环境及对其的影响，才是家庭代际关系的核心。

（4）家庭代际关系研究长久地停留在家庭现代化理论的凹槽里。无论是本特森（Bengtson）等的"代际团结"理论，还是后来的"代际冲突"或者"代际模糊"理论，都是基于家庭现代化理论。随着现代社会人口平均预期寿命的增长，生命周期和生命历程也会产生相应的变化。现在晚婚晚育成为普遍现象，所以随着结婚推迟，成为父母的时间推迟，子代和孙代家庭代际互动的时间也会推迟，等等。本书提出家庭代际关系生命周期，主要是为了解决所研究三代家庭代际关系的阶段性问题。根据家庭代际关系生命周期，本书主要研究未成年孙代、成年子代、老年父代和成年孙代、成年子代、老年父代这两个阶段的代际关系。另外，随着人口平均预期寿命的继续延长，这一理论或者提法还会不断更新。而且，家庭代际关系不仅可以作为家庭代际关系生命周期的标志，还可以作为其生命历程的事件。实际上，现实中，同一个三代家庭的家庭代际关系不总是稳定的。

总体来说，从现有的家庭代际关系的研究出发，本书建立在综合系统分析现有文献的基础上，指出现有文献的一些局限之处，引出本书的立足点或者创新之处。无论如何，本书试图丰富现有家庭代际关系的研究，提出一些新想法也是为了"抛砖引玉"，希望更多的学者投入家庭代际关系的研究中来。

第三章 理论基础与概念框架

理论在很多时候往往是一本书的生命，但它又分为很多层次，有宏大叙事的理论，有中层理论，还有微观理论。层次不同，用法也不一样，所以写书时把握理论是一件极其困难的事情。很多情况就是理论是理论，研究是研究，完全是"两张皮"。本书试图将理论融入研究，并在此基础上对原有理论进行拓展。从家庭领域来说，实际上并非人口学独占的领域，经济学、社会学、心理学等都有涉及。本书所依据的理论大多是宏观和中观层次的，并不易于操作化，但是在理念上指导研究工作还是很有益处的，其微观理论主要是家庭代际关系理论。本章将这些理论基础做个梳理，实证章节会有这些理论的应用或对理论的回应。

第一节 理论基础

一 总体史观

在前面已经强调本书的主要基础理论是总体史观。虽然总体史观主要是布罗代尔在他的鸿篇巨制《菲利普二世时代的地中海和地中海世界》一书中实践并将其发扬光大的，但事实上，早在20世纪初期，早期的年鉴史学派第一代学者马克·布洛克（Marc Bloch）就提出了"总体史"的概念。年鉴史学派之前的历史学家在研究历史时，主要关注两种史实：一种是政治和军事史，另一种则是重要杰出的历史人物的重要事迹。但是这种研究历史的方式在近代遭受到挑战,尤其是在启蒙运动时期,史学家们开始从关注政治历史到社会的历史。在18世纪时期,研究法律和贸易、宗教、伦理、文化和习俗的史学家越来越多。到了20世纪初期,整体的社会综合史成为历史学界的主流研究范式。布洛克作为第一代年鉴史学派的领袖,其深受社会学的影响,在巴黎高等师范学校的导师便是社会学的三大先驱之一——涂尔干。所以,布洛克领衔的"总体史观",强调要采用跨学科的研究方法,善于借用地理学、社会学、经济学等学科优势,更好地进行历史研究。

总体来看,总体史观的主要思想有如下方面:首先,将传统史学的政治、军事等主题的叙事史转向囊括经济、文化等的社会综合分析史。其次,一反传统史学研究只关注过去、忽视现在的做法,明确提出把"现在"提升到历史研究的真正意义的高度。同时,总体史观还将历史学的研究对象从对简单史实的如实记叙扩展到理解"时间中的人"。最后,强调人在历史中的重要性,要求从人出发,以人为中心,尊重人的主体性,把人及其生活环境中的一切复杂关系理解为统一和不可分割的整体的历史,而不是各种历史现象的简单拼凑或堆砌。

二 第二次人口转变理论（后人口转变理论）

在经历由高出生率、高死亡率、高自然增长率到低出生率、低死亡率、低自然增长率的转变后,欧洲人口产生很多新变化,比如同居现象逐渐增多,性和婚姻的必然联系发生变化,结婚年龄推后,受独身主义和解放主义影响,单身率和离婚率上升等。这突破了传统的马尔萨斯认为的婚姻模式和生育模式受经济发展水平影响的认识。为了回应欧洲人口的这种新变化,比利时人口学家列思泰赫（Lesthaeghe）和荷兰人口学家冯德卡（Van De Kaa）提出"第二次人口转变"。他们认为,欧洲出现的人口变化并非第一次人口转变的直接延续,而是在新的历史条件下出现的新的人口现象或新的变化。这种现象对欧洲未来的人口变化趋势正在产生重大影响。

第二次人口转变理论主要有三个观点。第一个观点是在现代社会,婚姻、性和生育之间的关系变得不那么紧密,甚至在某种程度上出现断裂。在传统社会,总是先结婚再发生性行为,然后才生育,三者的顺序基本上是固定的。但是在现代社会,三者的顺序发生了变化,往往总是先有性行为才会产生婚姻和生育。此外,更多的人选择同居,也有人即便结婚了也选择不生育孩子成为丁克家庭,性、婚姻、生育三者之间的关系越来越脆弱。第二个观点是家庭模式发生变化。在第一次人口转变时期,主要的家庭模式还是大家族、大家庭式的,更强调家庭的团结和协作,个人的私利让位于家庭的共同利益;而在第二次人口转变中,盛行的是个人主义家庭模式,家庭越来越核心化,更多的是满足个人的私利,丧失了以往强调团结和协作的氛围(吴帆,2013)。第三个观点是人口变化和社会变化的关系越来越密切。国家制定的人口政策直接影响家庭的生育决策,社会文化和大众媒体对婚姻、家庭、生育的影响越来越大、越来越普遍。

三 家庭现代化理论

家庭现代化理论建立在现代化理论的基础之上,在20世纪60年代,在家庭研究领域占据主流位置。家庭现代化整体上遵循了进化论和结构功能主义的思路,认为家庭的进化是单维一元的,总是从传统家庭进化为现代家庭,并且随着工业社会的发展,夫妻和孩子组成的核心家庭开始占据社会的主流,这是与工业化大生产相适应的。伴随核心家庭壮大的是更加强调个人主义价值观以及夫妻关系在家庭中的重要性的凸显。但是家庭现代化理论由于其一元化、单维演进和否定传统,也饱受近现代家庭社会学学者的批评。

家庭现代化的主要观点有:(1)在择偶方面,个人选择更加重要。在传统家庭中,个人择偶需要考虑家长意见,是以家族利益和门第观念作为择偶的主要依据，而现代家庭更加注重个人感受，将个人自由恋爱和爱情作为择偶的基础。（2）随着家庭规模的缩小，家庭类型的核心化，家庭成员个人的利益诉求得到重视，更加强调个人幸福感，家族和家族利益变得不那么重要，亲属间的关系相对于传统家庭有所削弱，男女两性更加平等。（3）家庭代际关系的重心从传统的父子轴开始转向夫妻轴，与此同时，由以往更加强调夫妻间男性家庭的发展到强调夫妻间双方家庭的发展，由以前重视男性家庭到重视双方家庭。夫妻和孩子组成的家庭更加独立（古德，1988）。

四 家庭代际关系理论

家庭代际关系理论比较复杂。马克斯·韦伯（Max Weber, 1989）认为，由于受科层制和市场经济的影响，家庭关系逐渐由"共同体关系"转变为"结合体关系"。随后，奥格本（Ogburn, 1938）在《变化的家庭》一书中提出家庭的7个功能已经有6个被其他社会机构所取代，尤其是"养老"功能，因此他认为家庭代际关系在减弱。他的观点被称为"家庭衰落论"。Parsons（1943）认为，在更先进社会里，亲属单位难免功能丧失。Goode（1963）为代表的经典现代化理论学者支持家庭衰落论，并认为这是经济发达社会的必然产物。本特森和同事们（Bengtson, Roberts & Richards, 1991）创建了代际团结概念及其测量模型。在具体测量方面，他们认为应该采取行动、情感、态度三个维度来测量家庭代际关系。学者们发现，代际团结理论过于重视团结的一面，而忽视家庭代际关系中互相冲突的一面。于是，有学者提出，"家庭代际团结—冲突模型"将冲突纳入代际关系研究中来（Klein 和 White, 1996）。之后，学者卢斯彻（K. Luscher, 1998）提议使用"代际关系矛盾心境"（intergenerational ambivalence）概念以反映家庭代际关系中人们渴望行动自由同时又期望得到源于家庭制度的支持，向往独立自主又不得不满足家族延续性要求的矛盾心境。综上所述，家庭代际关系的理论基本上遵循了如下演变过程：共同体到结合体→家庭衰落论→代际团结理论→代际团结—冲突模式→代际矛盾心境理论。

五　家庭生命周期理论

家庭生命周期（family life cycle）是家庭从形成到解体并呈现循环运动的过程。一般来说，家庭生命周期可以划分为：形成、扩展、稳定、收缩、空巢与解体 6 个阶段。Rowntree 在 1903 年结合家庭重大事件和贫困的关系，最早提出家庭生命周期理论。Sorokin、Zimmerman 和 GalPin（1931）则在 Rowntree 的基础上深化了家庭生命周期理论，他们认为家庭生命周期是有阶段性的，在每个阶段完成不同的任务，这样家庭才能延续下去。美国学者 P. C. 格里克（1947）被认为是家庭生命周期理论的最终完成者，他主要采用人口数据利用人口学方法提出完整的家庭代际生命周期，还对家庭生命周期的每个阶段进行划分、命名并探讨了各个阶段的任务。随着家庭生命周期的发展，又有新的学者对此进行深化。比如，埃尔德（1972）提出生命历程理论，主要是探讨家庭成员个人的发展历程，如人在童年、成年、婚姻、生育以及死亡整个生命历程中，家庭会发生怎样的改变。

六　社会性别理论

社会性别是指在现实生活中，社会对性别所要承担的责任、义务和权利的认定，既有司法机关、法律法规对性别责任的认定，也有社会群体甚至周围人对性别规范的认定。社会性别是建构在生物属性上的社会属性，主要表现为性别的社会角色。社会性别理论则是从社会关系或者社会设置出发探讨男女性在社会上的性别关系、性别差异等，其目的是探讨社会所建构的性别差异。社会性别理论是研究社会、经济和文化的非常有效的工具（白玫，2006）。"社会性别"一词是由美国人类学家盖尔·卢宾（Gayle Rubin，1975）最早提出的，在英语中为"gender"，它与"sex"（生理性别）是相对的。借用社会性别理论，可在研究性别差异中关注"养儿防老""儿要穷养，女要富养"等议题，并观察性别责任的社会建构变迁。社会性别的具体内涵如图 3-1 所示。

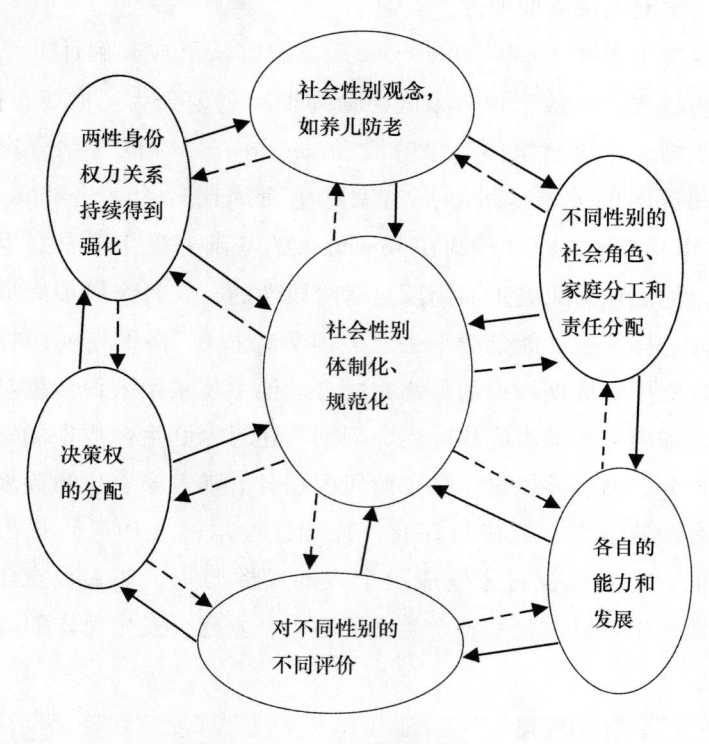

图 3-1 社会性别关系

七 身体缺席的交往或缺场交往

身体缺席的交往是相对于身体在场的交往来说的。在没有现代通信手段之前，人们的社会交往都是通过面对面的交流来进行，交往的双方或者多方，其身体处在一个相同的地理空间场域。而在网络社会，人们通过现代通信手段进行交往，如互联网、电话等，并不需要身体处在同一场域，交流不是面对面地进行，而是依靠数据的传输。这种身体缺席的交往，与以往面对面的交往大不相同，使相距千里的人的交流变得简单而又频繁。"缺场交往"是指网络社会中的不在面对面、不在同一空间、不在同一时间的交往（凯斯特，1996）。事实上，身体缺席的交往或者缺场交往具有大致相同的意思，本书把两者当作同义词来使用，但更多的时候是使用身体缺席的交往这个理论，因为强调身体缺席更能体现现代通信手段的作用。

现代通信手段的变化，手机的出现，新媒体如微信的研发与广泛使用，使代际远距离、跨时空地互动成为可能，也会影响到代际关系。

八 文化堕距理论

文化堕距理论是美国具有国际影响力的文化社会学家奥格本在20世纪二三十年代提出的。这一理论的主要观点来源于他的经典社会学著作《社会的变迁》。奥格本认为，在社会转型期，社会各部分变迁的速度是不一样的，由此带来社会转型中的多种问题。他认为，在社会转型过程中，生产工具和科学技术的变化速度远远快于制度、意识形态等文化方面的变迁，社会文化比科技变迁慢，便会形成文化堕距，而这种堕距的时间可能会比较长，也可能会比较短。文化和科技变化速度的不相匹配，会带来较多的社会问题。

本书中，家庭代际关系是受文化影响的不成文的制度，因此可能在社会转型期存在文化堕距的情况。这也是本书考察的一个重点内容。

九 再生产理论

再生产理论的理论源泉可以追溯到古希腊、罗马时期。亚里士多德在《政治学》一书中便论述过再生产问题，认为再生产就是循环往复进行生产的过程。但是到了近代，再生产主要有两个分支，一个是马克思在《资本论》中论述的资产阶级利用剩余价值进行的资本或商品的扩大再生产，另一个则是马尔萨斯在《人口原理》中论述的人口再生产。这两派一个论述的是商品再生产，另一个论述的是人口再生产，其实两种再生产都是人类延续的根本。

本书所要探讨的再生产主要是站在社会再生产的角度，借用布尔迪厄和他的合作者在《再生产：一种教育系统理论的要点》中所论述的文化再生产。布迪厄通过对学校教育系统的观察和研究发现，社会不平等来源于教育，而教育的差异则是社会阶层中家庭文化背景的差异以及学校如何对待不同阶层的学生的差异所造成的，所以学校是阶层再生产的有效的社会制度设置，教育同样承担了文化再生产的功能。反观中国，"红二代""官二代""富二代"成为社会热点词汇，这反映了中国存在一定程度的再生产。如果你的父亲是开国元勋、高级官员、千万富豪，那么孩子也将会是国家领导人、高级官员、大富豪，也就是说，子代对父代的继承地位增强。边燕杰、芦强在《人民论坛》中刊文指出：学术上把这个现象概括为"阶层再生产"。

那是不是在家庭中也存在一个家庭代际关系再生产，例如，父代对子代缺乏经济支持，是否子代也会对孙代缺乏经济支持？这是本书的一个关注点，需要实证结果来验证。

根据以上理论的层次性，本书设计了具体理论层次如图3-2所示，便于理解。

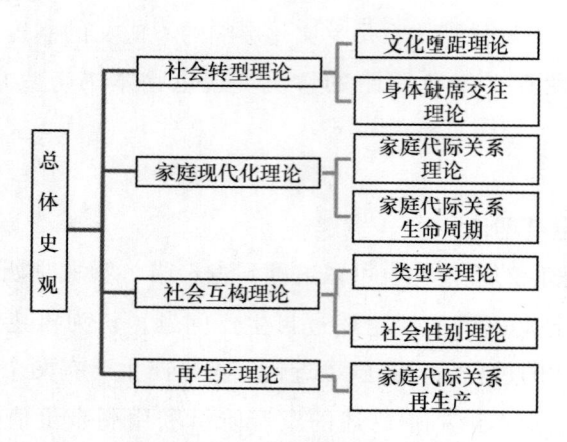

```
                     ┌─ 社会转型理论 ─┬─ 文化堕距理论
                     │                └─ 身体缺席交往理论
                     │
                     ├─ 家庭现代化理论 ┬─ 家庭代际关系理论
  总体史观 ──────────┤                └─ 家庭代际关系生命周期
                     │
                     ├─ 社会互构理论 ─┬─ 类型学理论
                     │                └─ 社会性别理论
                     │
                     └─ 再生产理论 ─── 家庭代际关系再生产
```

图3-2 理论层次

第二节 概念界定

一 家庭和家庭户

家庭（family）是什么？古往今来，很多学者都对家庭进行了定义。卡尔·马克思、弗里德里希·恩格斯认为："每日都在重新生产自己生命的人们开始生产另外一些人，即增殖。这就是夫妻之间的关系，父母和子女之间的关系，也就是家庭。"（《马克思恩格斯全集》第3卷，第32页）奥地利心理学家S.弗洛伊德认为，家庭是"肉体生活同社会机体生活之间的联系环节"。美国社会学家E. W. 伯吉斯和H. J. 洛克（1953）在《家庭》一书中提出："家庭是被婚姻、血缘或收养的纽带联合起来的人的群体，各人以其作为父母、夫妻或兄弟姐妹的社会身份相互作用和交往，创造一个共同的文化。"中国社会学家孙本文认为，家庭是夫妇子女等亲属所结合的团体。社会学家费孝通认为，家庭是父母子女形成的团体。虽然以上学者对于家庭的定义都各有侧重点，但有两点可以明确：其一，家庭是一种团体或者是单位；其二，家庭是一种关系。根据以上学者的定义，总结一下，家庭是指在婚姻关系、血缘关系或收养关系基础上产生的，亲属之间所构成的社会生活单位。当然，本书研究的主要是家庭的婚姻关系和血缘关系。为了使研究更加聚焦，收养关系并未纳入本书的研究范围。家庭也有广义和狭义之分，狭义的家庭主要是指夫妻及孩子构成的家庭，而广义的家庭主要是多种血缘或姻缘关系构建的家族，本书主要研究狭义的家庭。家庭具有多种功能，不仅承担儿童社会化和赡养老人的职责，同时作为社会的细胞和基本单位，还承担着保护、教育的功能。家庭的核心是家庭关系，重点是代际关系，这也是本书研究的主题。

这里需要区分的是家庭和家庭户（household）。实际上，在西方，这是两个完全不同的词汇，而在中国，很多时候混为一谈。笔者在这里简要地说明，家庭成员只要有血缘、姻缘或者收养就可称为家庭，而不考虑在不在一起生活，而家庭户主要是指共同居住或同灶吃饭的家庭成员。当然，家庭户和家庭混用和中国的户籍制度有关。像我们日常所说的家庭有不同的划分种类，如核心家庭、扩展家庭、主干家庭、联合扩展家庭，随着社会的变迁和分化，现在还出现了非传统的家庭类型，如单身家庭、单亲家庭、重组家庭、丁克家庭、空巢家庭等，这些都是家庭户的划分。

本书主要关注父、子、孙三代组成的家庭。随着个人平均预期寿命的增加，父、子、孙三代家庭已经成为社会的主要家庭模式。这里需要说明的是，学术界对于家庭的传统定义仍然是家庭户的概念（因为通过普查数据，很难测量实际的家庭），其中共同居住或者同灶吃饭是要件。但是要注意的是，即便是家庭户，随着社会人口流动的加剧，家庭户的形式也呈现日趋多样化，如岳父母和祖父母轮流照顾婴儿等半流动性家庭户的出现。显然，共同居住或者同灶吃饭已经难以作为限定标准，也不符合现在日益变化的现实，所以，越来越难以作为分析的单位。因此，本书的家庭主要基于亲属和血缘关系，是更加宽泛的家庭的概念。

二 代和代际关系

代（generation）在中文语境下至少有三种意涵。第一种意涵是从社会角度，基于年代的划分，主要考虑出生的年代，如果出生在20世纪80年代，则被称为"80后"一代；如果出生在90年代，则被称为"90后"一代。这种内涵主要是从同批人或者队列（cohort）的角度来谈代。第二种意涵是站在家庭的角度考虑血缘和姻缘关系，如果是三代家庭，站在中间一代的角度来看，年老的上面一代则被称为父代，中间的就是子代，子代的孩子则被称为孙代。第三种意涵则是从人的生命历程的角度出发，如果你处于青年时期，则被称为青年一代，中年人则被称为中年一代，老年人则被称为老年一代。本书研究的是家庭代际关系，所以代的概念主要是第二种意涵，是从家庭角度出发，并考虑血缘和姻缘关系。

代际关系根据代的意涵的不同也有三种解释。第一种就是不同出生队列的代别之间的互动和往来，比如"80后"一代和"90后"一代的关系；第二种就是站在家庭的角度来考虑血缘和姻缘关系，比如在一个三代家庭中，可能会有夫妻关系、亲子关系，甚至祖孙关系、婆媳关系；第三种是不同生命历程中代的关系，如老年一代和年青一代的关系。代际关系的具体表现主要是社会资源和经济资源在代际间的分配、交换、转移和传递。当然，代际关系在不同的时代有着不同的表现，代际关系的重心也不同。

三 家庭代际关系

目前，学术界对于代主要有两种理解，一种是将不同出生日期的队列分为不同代，不同代之间的关系被称为代际关系，他们之间的差异被称为代沟。例如，"80后"、"70后"就是不同的代，但是随着社会的急剧变化，代的年龄跨度越来越短，现在通俗说的两岁就是一个代沟便体现了这一点。代际关系的另一种解释就是在家庭中，这种代的划分主要基于生育或抚养关系，父代生育或抚育子代，子代生育或抚育孙代。本书的关注点主要是家庭中的代际关系。

家庭代际关系究竟是什么，用什么代表家庭代际关系？学界对此的讨论较多，也在一定程度上存在争议。根据文献梳理的结果，主要有两种观点，一种是家庭代际关系的三方面说，主要见于中国学者。如王跃生（2008）认为，家庭代际关系主要是指不同代位家庭成员之间所形成的经济支持、生活照料和情感交流关系；郭于华（2001）认为，家庭代际关系主要遵循交换原则，它既包含物质、经济的有形交换，也有情感和象征方面的无形交换。虽然在三方面的称谓上有所不同，但从实质来看，家庭代际关系主要包括经济、劳务、情感三个方面的交流或交换。另一种观点是代际关系的多维度说，这主要见于西方的文献，代表人物是本特森和他同事创建的代际团结概念与测量模型。该理论以团体成员间的功能依赖（有机团结）、团体成员内化的规范（机械团结）、情感和接触互动为基础来描述家庭代际关系。但是本特森的这一模式遭到代际冲突论者的批评，从而又形成更加多维的"代际团结—冲突模型"。这种对于家庭代际关系单线刻板的二元对立模式，遭到后现代主义者和女性主义者的批评。为了反映这种家庭代际关系的复杂、多元和矛盾，学者卢瑟（K. Luscher）提出用"代际关系矛盾心境"（intergenerational ambivalence）来反映家庭代际关系中的矛盾现象。中西方对于家庭代际关系的研究存在一定的差异，考虑到中国的调查问卷设置，本书主要采用家庭代际关系的三分法，并参考西方家庭代际关系的多维测量指标进行研究。

四 家庭代际关系生命周期

家庭有生命周期，代际关系的发展事实上也存在生命周期，可以借用家庭生命周期理论尝试描述家庭代际关系的生命周期，如图 3-3 所示。在家庭代际关系的前期，在三代家庭中只存在父代和子代间的关系，此时的父代是成年人，子代则是未成年人，父代主要是抚育子代，子代和父代间又存在互相的情感支持。到了中前期，子代成年，并且有了未成年的孩子也就是孙代，这样家庭代际关系便成了三代人之间的关系。在父代和子代之间可能是互相支持的关系，而在子代和孙代间，则是子代抚育孙代的关系。在中后期，父代成为老年人，子代仍是成年人，孙代依然未成年，这时候子代的任务是既要照顾老年的父代，又要抚育年幼的孙代。到了后期，孙代成年，这时候子代只需要照顾老年的父代，而孙代和子代之间则是互相支持的关系。再往后，便是又回到家庭代际关系生命周期的前期，以此循环往复。由于本数据是中国老年人营养和健康调查数据，无法呈现家庭代际关系生命周期的前期和中前期，所以本书主要研究家庭代际关系生命周期的中后期和后期。

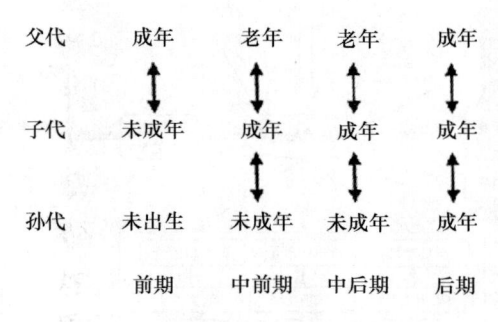

父代	成年	老年	老年	成年
	↕	↕	↕	↕
子代	未成年	成年	成年	成年
		↕	↕	↕
孙代	未出生	未成年	未成年	成年
	前期	中前期	中后期	后期

图 3-3　家庭代际关系生命周期

第三节　分析框架

为了形象具体地展现本书研究内容，这里制作了分析框架，如图 3-4 所示。分析框架的中央是家庭代际关系，可以看出本书的研究主题是家庭代际关系，从中央向右表示研究的是家庭代际关系中父子孙三代的家庭代际关系。其实，父子孙三代关系在家庭不同生命周期中有不同的体现，在父子孙三代这个结构中就更加复杂。父子孙三代关系再向右，就显示出简单的家庭代际关系生命周期结构。本书研究的主要是后面两种情况：一种是父代是老年人，子代是成年人，孙代是未成年（或者是没有结婚成家脱离家庭，这里用未成年是为了和上面的老年人、成年人对应），这种随着中国倡导晚婚晚育占有一定比例；另一种是父代是老年人，子代是成年人，孙代也是成年人，这种可能在社会生活中占有较大比例。

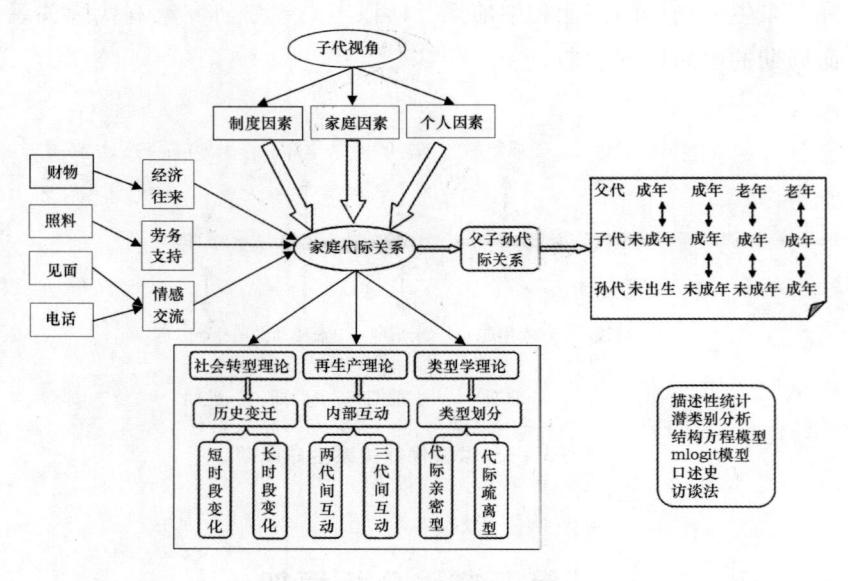

图 3-4　分析框架

家庭代际关系事实上是一个较为抽象的概念,从中央的椭圆的家庭代际关系向左是对家庭代际关系的操作化。本书根据以往文献将其操作化为经济往来、劳务支持、情感交流,而经济往来包括金钱往来和实务往来,劳务支持既包括照料父代又包括照看孙代的孩子,情感交流可以分为看望老人、与孙代见面、与孙代交流等。在具体的问卷中,每个指标可分为父代和子代、子代和孙代间的经济往来、劳务支持、情感交流。

从中央向下是根据理论推演出的本书所要关注的家庭代际关系的几个方面。中国处于社会转型期,不可避免地影响到家庭代际关系,那么,现在中国的父子孙三代的家庭代际关系是怎样的,是否发生了变化,有何历史变迁,这些都值得研究。这是从家庭代际关系作为一个整体出发的。本书研究的父子孙三代家庭的代际关系,在不同的两代之间或者同样的两代之间,他们的互动关系是怎样的?是否也会像再生产理论一样,家庭代际关系也会出现再生产,这也值得研究。随着定量研究技术的发展，一些新的统计方法更能深刻地分析代际关系。在马克斯·韦伯的时代，数据和统计技术都不发达的情况下，为了分析现象、理解现实而构想的"理想型"，现在可以通过数据和统计手段更加实证地反映社会事实的类型，以及当代的家庭代际关系到底可以分为什么类型，本书借助潜类别分析的方法对此进行研究。

家庭代际关系的影响因素也是家庭代际关系研究的重要方面，但是以往的研究主要站在成年子女和父母的角度，将视角放在父母的个人状况如身体健康水平等方面。本书研究的是三代家庭代际关系，子代是承上启下的一代，尤为重要。所以，本书主要从子代的视角探讨影响家庭代际关系的因素。根据总体史观，事物的发展是宏观、中观、微观共同影响的，所以在子代视角的基础上，考察制度、家庭、个人等对家庭代际关系的影响，也尤为重要。

分析框架的右下角是本书使用的具体的研究方法。从方法论的角度来看，本书是定量和质性研究结合的混合研究，以定量为主，质性为辅。具体而言，定量方法上运用描述性统计、潜类别分析、结构方程模型、mlogit 模型，质性研究主要是采用口述史和访谈法，以案例呈现为主。

第四章 数据与方法

第一节 研究数据

本书所使用的数据是多样的，既有质性研究所获取的数据，也有普查数据和统计年鉴的数据。数据的多样性能够对家庭代际关系的研究提供基础性支持。在微观数据方面，作者分析了中国近年来的绝大部分调查数据，如中国人民大学的中国社会状况综合调查（CGSS）和中国老年人追踪调查（CLASS）、中国社科院的中国社会状况调查（CSS）、美国北卡罗来纳大学的中国健康营养调查（CHNS）、北京大学的中国家庭追踪调查（CFPS）等，发现在家庭代际关系研究的三个维度上，北京大学的中国健康与养老追踪调查（CHARLS）最为详细，更重要的是，可以利用 CHARLS 数据构建真实的三代家庭。这有别于其他调查研究主要是对家庭户而非家庭的调查，所以本书最终选用了 CHARLS 数据。

CHARLS 主要是由北京大学国家发展研究院赵耀辉教授团队推动并执行的大型的跨学科调查项目，调查目的主要是在中国人口老龄化背景下，对中国老龄化的状况、问题研究提供更加详细、高质量的微观数据。CHARLS 在得到政府资金的支持下得以开展，调查范围广泛，样本数量较大。它在 2008 年开始先导调查，仅仅选用中国的三个省；2011 年开始全国基线调查，每两年调查一次，到目前为止，公布了 2011 年、2013 年、2015 年的全国性调查数据，另有 2014 年的中国中老年人生命历程调查的专项数据。CHARLS 在全国 28 个省（自治区、直辖市）的 150 个县 450 个社区（村）开展调查访问，至 2015 年全国追访时，其样本已覆盖总计 1.24 万户家庭中的 2.3 万名受访者。CHARLS 采用多阶段抽样，在县/区和村居抽样阶段均采取 PPS 抽样方法，具有较好的代表性。它是在吸收美国和欧洲先进调查经验的基础上进行的，并且首创电子绘图软件，采用地图地址抽样。CHARLS 的访问应答率和数据质量在世界同类项目中位居前列，数据在学术界得到广泛的应用和认可。本书主要使用 CHARLS 2011/2013/2015 年的三期数据，这也是现在能获得的最完整的 CHARLS 全国性数据。虽然 CHARLS 在 2008 年进行过先期调查，但是问卷设计与后面的有很大不同，这里没有采用。

此外，本书中还穿插笔者运用访谈、口述史等方法得来的质性研究资料。

第二节 研究方法

本书整体上采用混合研究的方法，以定量研究为主，质性研究为辅。定量研究主要说明家庭代际关系是怎么样的，它的变动情况、互动情况、分类情况，以及影响和被影响关系。质性研究主要是对定量数据的呈现进行解释和深度挖掘。总体上，本书采用的方法如下。

（1）描述性统计是用来概括、表述事物整体状况以及事物间关联、类属关系的统计方法。通过统计处理，可以简洁地用几个统计值来表示一组数据的集中性和离散型（波动性大小）。本书主要描述人口现象的变化、三代家庭结构的基本状况、父子孙三代基本情况对比、三代家庭结构的代际关系以及在做模型之前的描述性统计。

（2）结构方程模型（SEM）包括一组不同的数学模型、计算机算法和统计方法，它们适合构建数据网络。SEM 包括验证性因素分析、路径分析、偏最小二乘路径建模和潜在增长建模。它通常用于评估不可观察的"潜在"结构，经常调用一个定义的度量模型，使用一个或多个观测变量的潜变量，以及计算潜变量之间关系的结构模型。结构方程模型各结构之间的联系可以用独立的回归方程或通过更多参与的方法（如 LISREL 中采用的方法）来估计。SEM 在社会科学中使用较多，因为它能够从可观察变量中计算未观察结构（潜在变量）之间的关系。举一个简单的例子，人类智能的概念不能直接测量，但人们可以测量身高或体重。相反，心理学家提出一个智力假设，并写出测量工具，其中包含旨在根据假设测量智力的项目（问题）。然后，他们会使用 SEM 来测试这个假设，使用从他们的智力测试的受访者收集到的数据。使用 SEM，"智能"将成为潜在变量，测试项目将成为观察变量。结构方程模型的建模步骤大致分为四步：模型构建、模型拟合、模型评价、模型修正。这里主要用结构方程模型做三代家庭同代间或者不同代的代际关系的互动情况研究。

（3）潜类别分析（Latent Class Analysis，LCA）就是通过潜在类别模型（Latent Class Model，LCM）这一统计模型，用潜在的类别变量来解释外显的类别变量之间的关联，使外显变量之间的关系通过潜在类别变量 X 来估计进而维持其外显变量之间的局部独立性。潜在类别分析的基本假设是，对各外显变量各种反应的概率分布可以由少数互斥的潜在类别变量来解释，每种类别对各外显变量的反应选择都有特定的倾向。在统计学中，潜类别模型将一组观察到的（通常是离散的）多变量与一组潜变量相关联。它是一种潜在变量模型，被称为潜在类模型，因为潜变量是离散的。一个类的特征是一个条件概率模式，表明变量具有某些值的机会。潜类别分析是结构方程模型的一个子集，用于在多元分类数据中查找病例组或亚型。这些亚型被称为"潜类"。潜类别（LC）分析最初由 Lazarsfeld（1950）引入，作为解释涉及二分类项目的调查反应模式中的响应异质性的一种方式。20 世纪 70 年代，由 Goodman（1974）开发的最大似然算法作为 Latent GOLD 程序的基础，LC 方法被形式化并扩展到名义变量。在潜类别模型发展的同一时期，通过 Day（1969）、Wolfe（1965）等的工作，多变量正态分布的有限混合（FM）模型在相关领域开始出现。FM 模型试图分离出"混合"的数据，假定这些数据是由有限数量的，明显不同的人群混合而成的。近年来，LC 和 FM 建模领域已经走到一起，LC 模型和 FM 模型已经互相交换。LC 模型现在指的是任何统计模型，一些参数在不可观察的子群中有所不同（Vermunt 和 Magidson，2003）。本书主要是用潜在类型分析模型去看中国三代家庭的代际关系分类情况。

（4）logit 模型（logit model），在统计学中，也被翻译成逻辑回归或逻辑斯蒂回归。logit 模型是一个回归模型，其中因变量（DV）是分类的。因变量具有多于两个结果类别的情况，可以在多项式逻辑回归中分析，或者如果多个类别是有序的，则应用序次逻辑回归。logit 回归是由统计学家 David Cox 于 1958 年提出的。二元 logit 回归用于根据一个或多个预测变量（特征）估计二元响应的概率。它表示一个风险因子的存在，增加了一个特定因子给定结果的可能性。

（5）logit 回归通过使用 Logistic 函数估计概率来度量分类因变量和一个或多个独立变量之间的关系，逻辑函数是累积 logit 分布。因此，它使用类似的技术来处理与 Probit 回归相同的一组问题，后者使用累积正态分布曲线代替。在这两种方法的潜在变量解释中，第一种假设是错误的标 logit 分布，第二种假设是错误的标准正态分布。logit 回归是费希尔 1936 年方法线性判别分析的替代方法。如果线性判别分析的假设成立，则调节可以颠倒，以产生 logit 回归。然而，相反的情况并非如此，因为逻辑回归不需要判别分析的多元正态假设。

（6）访谈法（interview）主要是指研究人员面对面地与受访者交流以此来收集信息的方法，主要分为结构式访谈和无结构式访谈。结构式访谈主要是指访谈的问题都是在访谈前设定好的，访谈时按照既定问题提问；无结构式访谈则是研究者在访谈前没有任何问题预设，让访谈随着谈话的深入而发展。此外，还有半结构化访谈，也就是设定一定的问题,最后是开放性问答。访谈法在社会学中的应用广泛,是质性研究者收集数据的主要工具。

(7) 口述历史(oral history)是收集和研究关于个人、家庭、重要事件或日常生活的历史信息,使用录音带、录像带或计划采访的转录。这些访谈是通过参与或观察过往事件的人进行的,他们对这些事件的回忆和看法将作为未来世代的听觉记录保存下来。口述历史致力于从不同角度获取信息,其中大部分信息不能以书面形式找到。它也指以这种方式收集的信息,以及基于这些数据的书面作品(已发表或未发表),通常保存在档案馆和大型图书馆中。口述历史提供的知识是独特的,因为它以这一形式共享受访者的默契视角、思想、观点和理解。这个术语有时用于更一般的意义,指的是任何关于过去事件的信息,那些经历过这些事件的人告诉其他人,但专业史学家通常认为这是口头传统。但是,正如《哥伦比亚百科全书》所解释的那样:长期以来,原始社会一直依靠口头传统在没有书面历史的情况下保留过去的记录。在西方社会,口头材料的使用可追溯到早期的希腊历史学家希罗多德和修昔底德,他们都广泛使用证人的口头报告。口述历史的现代概念是在20世纪40年代由哥伦比亚大学的艾伦内文斯及其同事开发的。口述历史已成为历史研究的国际运动。不同国家的口述历史学家已经开始以不同的模式收集、分析和传播口述历史。但是,还应该指出的是,即使在个别国家的情况下,创造口述历史和开展口述历史研究的方法也很多。

第五章 三代家庭的基本结构

本书研究对象是三代家庭的代际关系，但是研究的前提是应该对三代家庭的基本结构进行分析，因为代际关系是基于家庭的。事实上，目前还没有任何一个数据直接给出三代家庭，只能通过家庭信息比较全面的数据来构建三代家庭。CHARLS 数据提供了较为详细的受访者、受访者父母和岳父母、受访者子女的情况，并能通过 ID 进行匹配，笔者借此构建出真实的父子孙三代家庭。所以，本章第一部分主要介绍如何构建三代家庭，三代家庭的构建实际上是一种选择的过程。构建完三代家庭，就要对这三代家庭的情况进行描述。由于受访者的信息比较全面，受访者父母和岳父母以及子女的信息不全面，因此这里仅仅在相同的信息上进行描述，如年龄、居住、户口、受教育情况等。书中所指的子代就是受访者这一代，父代是受访者的父母和岳父母一代，孙代是指受访者子女一代。本章先对父、子、孙三代的情况分别进行描述，最后进行三代家庭整合的描述。

第一节 三代家庭的构建

在准备研究家庭代际关系的时候，笔者面临的第一个问题就是数据的选择。事实上，很多数据或多或少有关于家庭代际关系的问题，例如，CLASS 和中国人民大学所做的三省六地生育率调查数据，这些数据基本上涉及家庭代际关系的三个维度：经济、劳务、情感。但是这些数据只有受访者更为详细的数据，是基于"家庭户"的概念，只有共同居住的家庭成员不甚详细的信息，这与本书研究的立意存在差距，而且无法通过以上数据构建三代家庭。相对而言，CHARLS数据既有家庭代际关系的三个维度的信息，也有较为详尽的家庭成员信息，更关键的是，在它的每个模块中，每个受访者信息都能通过ID进行配对，这样就能构建现实中真实的三代家庭。这也是以往类似研究较为缺乏的。

CHARLS数据虽然信息比较全，但是处理起来比较麻烦，因为一个受访者，既有亲生父母也有岳父母，也可能有2个以上的孩子。另外，CHARLS数据还提供了继父母、养父母以及继子女、养子女的情况，这样真实的家庭规模就比较庞大。父代可能最多有8位家庭成员的信息需要匹配，孙代最多有10个孙代成员的信息需要匹配，要将这些数据全部通过ID匹配也相当复杂且比较费时，所以笔者花费了近三个月来梳理、整理、匹配数据。三代家庭的数据匹配出来，并不是要全部纳入研究，如果要考虑继父母、养父母、继子女、养子女的情况，将会使这个研究变得十分复杂。为了使研究更加简明且主题突出，这里有一个选择的过程。在三代家庭建构中，笔者考虑了三种方法。

一 第一种方法

父代的选择：因为数据中包含了继父母、养父母的信息，而且调查对象主要是年龄在45岁以上的人，所以设定为只要受访者的亲生父母、继父母、养父母，受访者配偶的亲生父母（其实就是受访者的岳父母）、继父母、养父母，只要有一个人存活，这个三代家庭的父代就存在。由于父代年龄比较大，所以要看他们的存活状况。

从表5-1、表5-2、表5-3中可以看出，受访者继父母、养父母,受访者配偶继父母、养父母人数相比受访者和配偶的亲生父母较少,占比在4%左右,存活状况更低,现在活着的受访者继父母、养父母,受访者配偶继父母、养父母都在100人以下。考虑到继父母、养父母存活数量太少,为了研究的简洁性,后面只考察受访者亲生父母和受访者岳父母的情况。

表5-1　　　　　　　　受访者亲生父母存活状况　　　　　　　（单位:人）

存活	受访者生父	配偶生父	受访者生母	配偶生母
1. 是	1051	1067	2016	1914
2. 否	2950	2732	1985	1886
总计	4001	3799	4001	3800

表5-2　　　　　　　　受访者继父母存活状况　　　　　　　（单位:人）

存活	受访者继父	配偶继父	受访者继母	配偶继母
1. 是	70	61	66	92
2. 否	72	71	32	32
总计	142	132	98	124

表5-3　　　　　　　　受访者养父母存活状况　　　　　　　（单位:人）

存活	受访者养父	配偶养父	受访者养母	配偶养母
1. 是	50	38	69	62
2. 否	135	97	75	56
总计	185	135	144	118

子代不需要选择,因为受访者就是子代,在受访时也都是存活的。子代的状况如表5-4所示。

表 5-4　　　　　　　　　子代的样本数量

三代	频次	比例（%）	累计（%）
子代	4001	100	100
总计	4001	100	

孙代的选择，孙代是受访者子女一代，受访者只要存活 1 个及以上子女，孙代就算存在。

由表 5-5 中可以看出，受访者有 2 个孩子的比例最高，占比达到 45.76%；其次是 1 个孩子，占比 22.54%；3 个孩子的占比达到 20.09%；有 8—10 个孩子以上的很少，只有个位数，占比也很小。这也与现实情况相符。受访者有 4 个以内孩子的占到整体 96.48%，说明 1—4 个孙代的情况占有较大比例。

表 5-5　　　　　　　　　孙代的存活状况

孙代存活状况（个）	频次	比例（%）	累计（%）
1	902	22.54	22.54
2	1831	45.76	68.31
3	804	20.09	88.40
4	323	8.07	96.48
5	88	2.20	98.68
6	34	0.85	99.53
7	11	0.27	99.8
8	5	0.12	99.93
9	2	0.05	99.98
10	1	0.02	100.00
总计	4001	100.00	

二　第二种方法

父代的选择：从第一种父代样本中可以看出，事实上，继父母、养父母的数量很小，存活人数在100人以下，并且考虑到三代家庭代际关系已经十分复杂，再加上继父母、养父母会让关系更复杂，容易产生混乱。因此，在第二种父代建构中，将继父母、养父母剔除。其实，继父母、养父母的家庭代际关系也很重要，如果后续有时间，可以将继父母、养父母和亲生父母的情况做一对比。所以，父代基本上确定，主要是受访者及其配偶的生父母只要存活1人即为父代。父代的存活状况如表5-6所示，如果从性别角度来看，受访者生母和配偶生母存活人数大于受访者生父和配偶生父，甚至约是两倍的关系，这也符合中国女性平均预期寿命大于男性的状况。

表5-6 　　　　　　　受访者亲生父母存活状况　　　　　　　（单位：人）

存活状况	受访者生父	配偶生父	受访者生母	配偶生母
1. 是	1051	1067	2016	1914
2. 否	2718	2516	1753	1669
总计	3769	3583	3769	3583

子代的选择：子代就是受访者一代，不考虑受访者和受访者配偶继父母、养父母的情况，相应的子代样本数量也会减少，子代的样本数量如表5-7所示。

表5-7 　　　　　　　　　　子代样本数量

三代	频次	比例（%）	累计（%）
子代	3769	100	100
总计	3769	100	

孙代的选择：受访者子女一代只要存活一个及以上子女，孙代就算存在。因为随着父代选择的变化，相应地，孙代的情况也会发生变

化，所以要看孙代整体的情况，如表5-8所示。整体来看，1—4个孙代的占比极大，达到96.68%。

表5-8　　　　　　　　孙代的存活状况

孙代存活状况（个）	频次	比例（%）	累计（%）
1	852	22.61	22.61
2	1734	46.01	68.61
3	760	20.16	88.78
4	298	7.91	96.68
5	79	2.10	98.78
6	30	0.80	99.58
7	9	0.24	99.81
8	5	0.13	99.95
9	1	0.03	99.97
10	1	0.03	100.00
总计	3769	100.00	

三　第三种方法

因为CHARLS数据的受访者也就是我们研究中的子代主要是年龄在45岁以上的人，所以我们首先要看一下第二种子代的年龄分布情况。

通过图5-1，可以发现年龄分布最高的是从48岁到54岁，但是60岁以上的也占有较大比例。现在，中国学术界一般将60岁作为老年人的标志。这里也以60岁作为分界点分组来看。由表5-9可以看出，60岁及以上的占比为28.15%。考虑到子代60岁及以上的父母可能年龄达到80岁以上，这个阶段的老年人处于失能失智高风险期，2016年全国老龄办发布《第四次中国城乡老年人生活状况抽样调查成果》显示，随着年龄增加呈现失能失智老人增多的状况，这会严重影响正常的代际关系，所以本书将子代的年龄限制在60岁以下。这样虽然会损失样本，但是更符合一般意义上的老中青三代家庭。当然，拥有高龄（80岁）以上的父代的三代家庭也值得研究，只能留待以后去做。

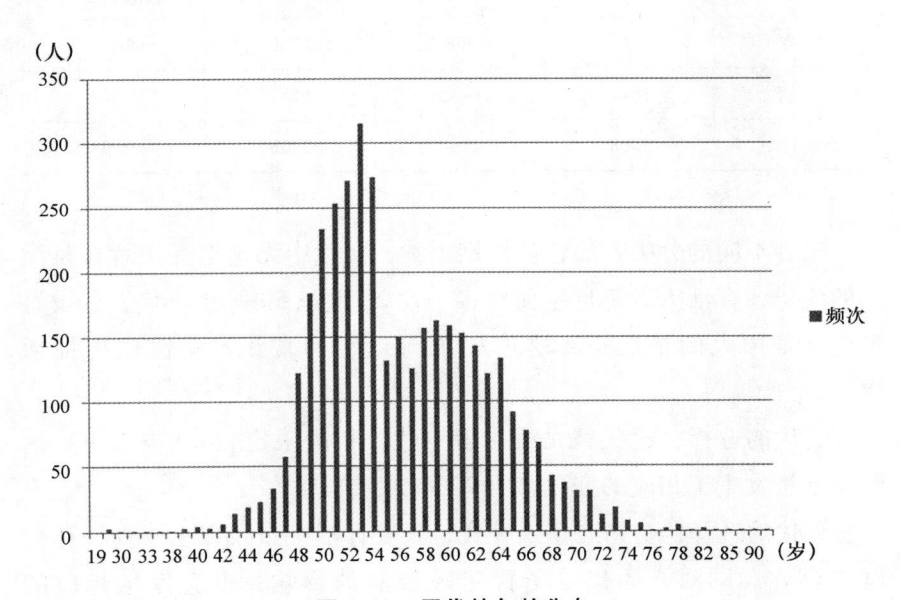

图5-1 子代的年龄分布

表5-9　　　　　　　　　子代的年龄分组

年龄组	频次	比例（%）	累计（%）
<60岁	2708	71.85	71.85
≥60岁	1061	28.15	100.00
总计	3769	100.00	

综上所述，将子代限定为60岁以下，父代的情况也会发生相应的变化。

父代的选择：受访者及其配偶的生父母只要存活 1 人且子代年龄在 60 岁以下即为父代，结果如表 5-10 所示。

表 5-10　　　　　　　　　　父代的存活状况　　　　　　　　（单位：人）

存活状况	受访者生父	配偶生父	受访者生母	配偶生母
1. 是	866	858	1556	1427
2. 否	1842	1738	1152	1170
总计	2708	2596	2708	2597

三种不同的分类方法，从性别上看，父代中无论是受访者还是配偶的生母，存活人数都比生父要多。在 20 世纪 50—70 年代，假设婚龄差不是很大的情况下，这佐证了人口学的常识：女性比男性活得长。

子代的选择：子代就是受访者一代，年龄限定在 60 岁以下。这时样本量发生了相应的变化，为 2708 人。

孙代的选择：受访者子女一代，只要存活 1 个及以上子女，孙代就算存在。同时，孙代受子代年龄限制的影响，也会发生相应的变化。

由表 5-11 中可以看出，有两个孩子的占比 48.45%，近一半，这可能与生育所处的时代有关系，年龄偏大的孩子可能是在计划生育政策之前出生的。表中还可以看出存在生 6—8 个孩子的情况，有可能是的确生育了这么多孩子，也有可能是领养、收养或者过继的孩子，这个数据没有区分孩子是生育或者非生育的，只能推测。另外，4 个孩子以内的占比达到 98.41%。同样，考虑到 4 个以内孙代占比情况和研究的简洁性，后面的研究只考虑孙代为 4 个以内的情况。

表 5-11　　　　　　　　　　孙代的存活状况

孙代（个）	频次	比例（%）	累计（%）
1	708	26.14	26.14
2	1312	48.45	74.59
3	507	18.72	93.32
4	138	5.10	98.41
5	29	1.07	99.48
6	10	0.37	99.85
7	2	0.07	99.93
8	2	0.07	100.00
总计	2708	100.00	

经过逐步的分析和选择，这里最终得到一个三代家庭的结构，如表 5-12 所示。

表 5-12　　　　　　　　　三代家庭结构　　　　　　　　　（单位：人）

父代	受访者生父	配偶生父	受访者生母	配偶生母	4707
	866	858	1556	1427	
子代	受访者		受访者配偶		5213
	2708		2505		
孙代	1 孩	2 孩	3 孩	4 孩	5405
	708	1312	507	138	

由于子代的年龄限制，这个三代家庭整体上还是偏老态的：父代存活状况较差，人数甚至不如子代多；子代由于离异、丧偶等，受访者配偶数量比受访者数量少；孙代由于计划生育，数量和子代接近，这是可以理解的。这里需要注意的是，表 5-12 中，1 孩的有 708 人，而 2 孩、3 孩、4 孩的情况是指拥有这些孩子的家庭数，如 2 孩的频次是 1312 人，那么 2 孩的人数就是 1312×2＝2624（人），3 孩、4 孩依次类推，孙代总计为 5405 人。

第二节 三代家庭基本情况描述

一 子代的基本状况描述

子代事实上包括受访者和受访者配偶,但数据中并没有给出受访者配偶的情况。由于中国的婚姻大多属于同质婚,也就是说,婚姻基本上基于门当户对原则,所以可以从受访者的情况推断受访者配偶的情况。

(一)性别

子代共2708人,男性为1210人,占比约为45%;女性为1498人,占比约为55%。

(二)年龄

先来看子代的出生年份分布,这里需要说明的是,问卷中既问了受访者的户口出生年,还问了真实出生年,但是通过ID匹配,发现相差不大,这里主要采用户口登记的出生年份。由图5-2可以发现,子代主要出生在20世纪五六十年代,其中60年代的最多,占到73.52%,

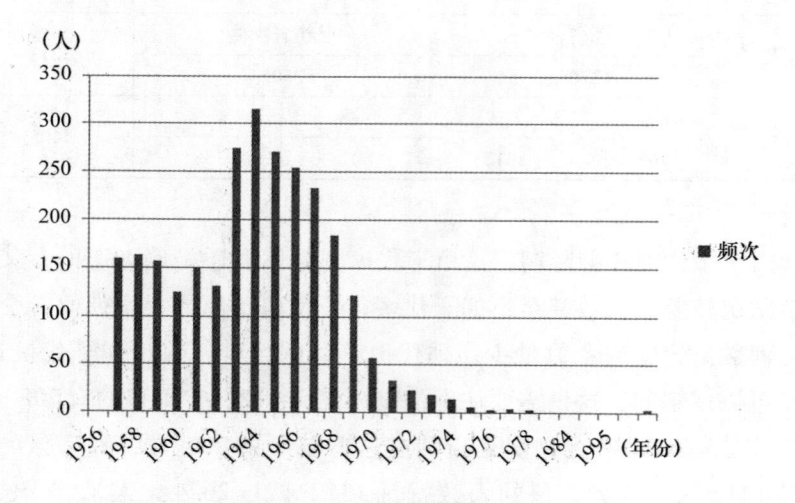

图5-2 子代出生年龄分布

有少数的是在70—90年代出生。通过对年龄分组的分析，发现50—59岁占比最多，达到73.82%；其次是40—49岁组，占25.63%。我们发现这里有极少数的39岁以下的受访者，说明这个调查的受访者并非全部是年龄在45岁及以上，仍然有部分是低于45岁。

（三）居住地址

在问卷中，居住地址类型的选项有：（1）家庭住宅，（2）养老院或其他养老机构，（3）医院，（4）其他。从数据中可以看出，居住在家庭住宅的最多，占比达到98.04%；居住在养老院或其他养老机构和医院的与居住地址类型为其他的仅占比1.96%。

如果按照居住地址进行城乡划分，将"主城区、城乡结合区、镇中心区、镇乡结合区、特殊区域、乡中心区"算作城镇地区，村庄算作农村地区，那么城镇地区总占比31.57%，农村占比68.43%。而同期2015年的城镇化率达到56.1%，这说明数据和现实状况存在一定的差异。整个调查中，农村居民占比较多。

表5-13　　　　　　　　　　子代的居住地址

居住地址	频次	比例（%）
主城区	424	15.71
城乡结合区	144	5.34
镇中心区	147	5.45
镇乡结合区	85	3.15
特殊区域	8	0.30
乡中心区	44	1.63
村庄	1847	68.43
总计	2699	100.00

（四）户口类型

从户口类型来看，农业户口占有较大比例，占到78.08%，但是这和前面的居住地址为农村的占 68.43% 不能对应，这说明持有农业户口的近 10% 的受访者事实上在城镇居住。

（五）受教育程度

子代的受教育程度显示（见图 5-3），初中毕业的最多，占到 32.40%；其次是小学毕业的，占 21.04%；然后是未读完小学和高中毕业的，分别占比 14.79% 和 14.35%。大专及以上高学历的人才占比很小。

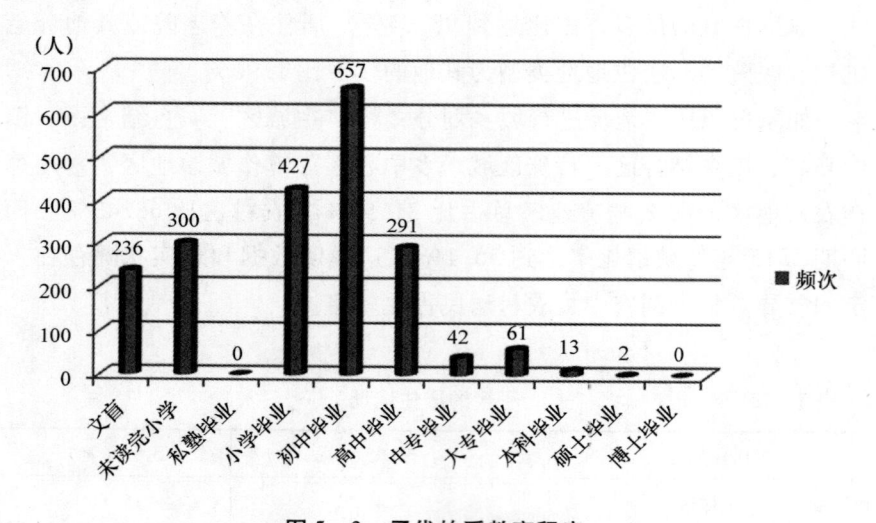

图 5-3 子代的受教育程度

（六）婚姻状况

由表 5-14 可以看出有 92.39% 的子代已婚，其中有 81.83% 与配偶一同居住，10.34% 已婚但没有和配偶在一起居住，联想到前面有 10% 的受访者是农村户口却在城镇中生活，他们可能是流动人口，没与配偶在一起居住的原因可能是外出打工。这里可能令人迷惑的是竟然有从未结婚的，但是也有孙代，这一方面可能是有非婚生育的子女，或者是收养的孩子。同时，还有同居的状况，这反映了后人口转变背景下"性—婚姻—生育"的分离。

表 5-14　　　　　　　　　子代的婚姻状况

婚姻状况	频次	比例（%）
已婚，与配偶一同居住	2216	81.83
已婚，没有跟配偶在一起居住	280	10.34
分居	6	0.22
离异	52	1.92
丧偶	150	5.54
从未结婚	1	0.04
同居	3	0.11
总计	2708	100.00

笔者访谈中就遇到这样一个案例。B01 是一位年龄 60—70 岁的女性，她在一所大学工作，是某市某民主党派高级干部，曾经做过政协委员。她有个女儿 30 多岁，却一直没有找上对象。B01 非常担心，到处帮她的女儿介绍对象。B01 非常自责自己一辈子没有结婚，不希望女儿也独身一辈子。另据其他人佐证，女儿是她亲生的，但是并不知道为什么没有结婚。这是多次访谈之后才得到的信息。在那个时代，没有结婚却生育并独自养育孩子，还是让人感到惊讶。但是现实当中，还是有这种情况存在的。

其实，从婚姻状况可以看出，由婚姻组成的家庭的形态正在多样化，例如，有 10.34% 的人处于分开居住状态。如果按照家庭户的定义，他们没有同吃同住，那就不属于一个家庭户，但是他们已经进行了婚姻登记，又的的确确是一个家庭。所以，现在社会的多元化导致家庭形态的多元化，传统的依靠共居关系来划定核心家庭、直系家庭、扩展家庭等，显得不合时宜。所以，本书采用广义上基于血缘和姻缘家庭的概念来研究家庭代际关系是恰当的。

（七）子代基本状况的总结

通过以上各种指标数据的描述，我们可以对子代进行一个简要的概括性描述。从数据来看，三代家庭中处于子代的这批人，男女比例接近，大多出生于 20 世纪五六十年代，大部分居住在家里，68% 居住在农村，其余居住在城镇。农业户口占比78%，其余是非农户口。受教育程度以小学和初中毕业为主，占一半以上。子代婚姻状况以已婚为主，占90%以上，但是已婚人群中，有一定比例是不在一块居住的，离异丧偶的也占有一定比例。

二 父代的基本情况描述

这里探讨父代的整体状况，其实是将受访者和配偶的亲生父母综合考虑，如果将受访者的亲生父母或者配偶的亲生父母单独考虑，那样就太细微了，显得不够聚焦，也会大大增加篇幅。实际上，父代的整体状况代表了无论是受访者的亲生父母还是配偶的亲生父母的状况。在后续的家庭代际关系研究中，笔者是将受访者和配偶的亲生父母作为整体的父代来考虑的。

（一）父代的存活状况和性别比例

问卷中问到死亡的父代的情况，总体来看，父代的存活状况不容乐观。三代家庭的亲生父母有55.99%已经去世，这可能与子代大多集中在50—60岁，而父母这一代基本上处于80—90岁有关。根据统计数据，我国2015年居民人口平均预期寿命达到76.34岁，父代的年龄有很大一部分超过了平均预期寿命，存活状况不乐观也是可以理解的。

正如前面发现和指出的，在存活的父代中（见图5-4），女性占比为63%，显著高于男性的37%，甚至是男性的近两倍。

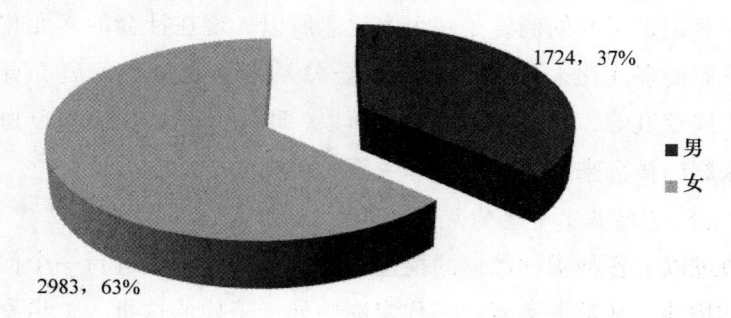

图5-4 父代性别比例

(二) 父代的出生时间

从图 5-5，父代的出生时间可以看出，父代的出生高峰集中在 20 世纪 30—40 年代，因为问卷是 2015 年收集的，所以到 2015 年，父代年龄的高峰在 75—85 岁。这也可以解释前面父代的存活率比较低的原因。

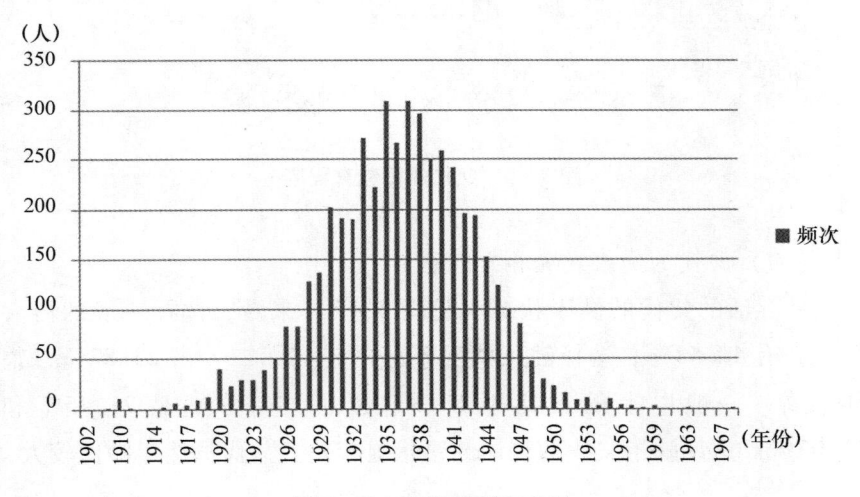

图 5-5　父代的出生时间

(三) 父代的受教育水平

图 5-6 显示，父代整体的受教育程度不高，有 57.81% 是文盲，值得注意的是还有 2.35% 的是私塾毕业，没有博士毕业。父代整体的受教育水平反映了他们那一代的时代状况，一方面是受教育的途径较少，不像现在高等教育扩张之后的大学生增多；另一方面社会动乱使父代没有机会接受教育，父代的出生或者少年是在抗日战争或者解放战争中度过，没有机会接受教育。

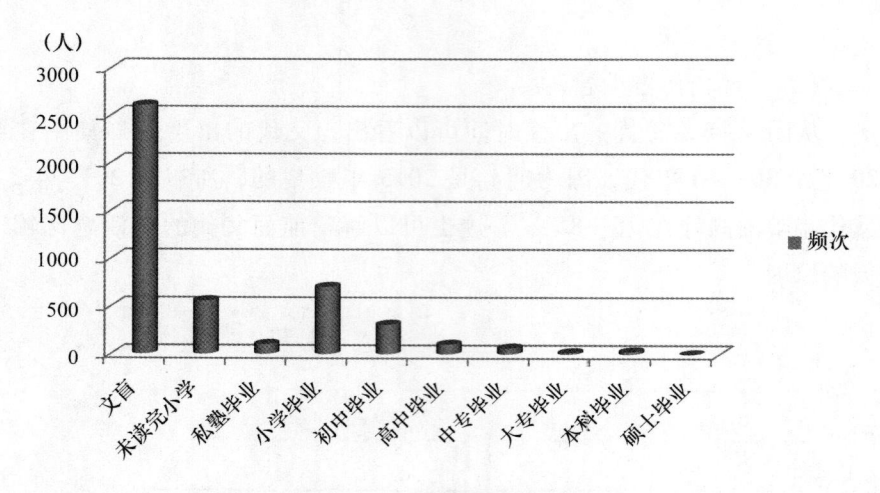

图 5-6　父代的受教育程度

（四）父代的健康状况和自理能力

从存活的父代的健康状况（见图 5-7）来看，选择一般的占大多数，有 47.53%；选择健康状况不好的排名第二，占 23.82%；整体来看，一般以上的占比不如一般以下的，分别是 21.45% 和 31.03%。这反映了父代的整体健康状况较差。父代虽然年龄比较大，

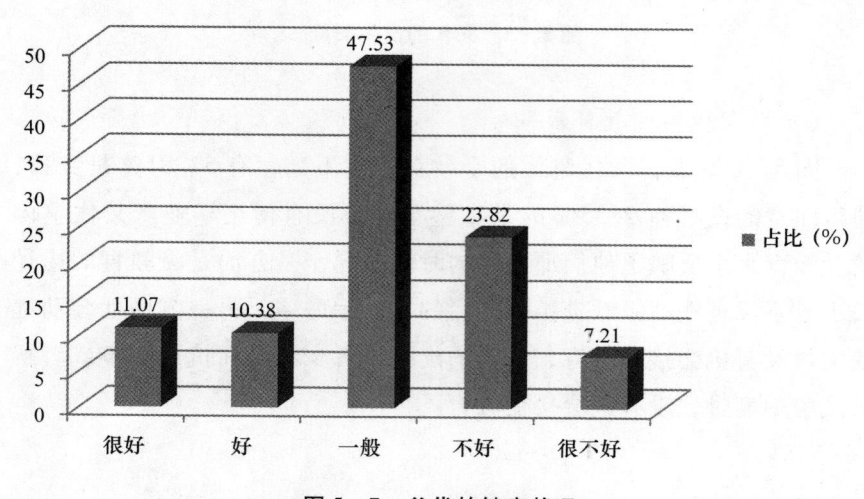

图 5-7　父代的健康状况

健康状况不是很好，但能生活自理的占比不少，有84.01%表示能够生活自理。

(五) 父代的最高职业和收入状况

整体来看（见表5-15），父代主要是从事农业生产活动人员，占比为75.62%；商业和服务业人员占比最小，仅为1.88%；其他职业占比较小且比例相差不大。这可能与父代大多生活在户口控制严格、缺乏流动的城乡二元体制下有关系。父代的年收入均值为5889元，但是标准差较大，达到1万多元，最小的是0元，最多的是12万元，这反映了父代内部的收入不平衡。

表5-15　　　　　　　　　　父代的最高职业

最高职业	频次	比例（%）
国家机关、党群组织、企业、事业单位负责人	253	5.27
专业技术人员	240	5.00
办事人员和有关人员	127	2.65
商业、服务业人员	90	1.88
农、林、牧、渔、水利业生产人员	3629	75.62
生产、运输设备操作人员及有关人员	213	4.44
不便分类的工作	247	5.15
总计	4799	100.00

(六) 父代的居住状况

父代与子代同住的比例并不是很大，仅有10.25%。但是父代和子代挨着也不是太远，30.41%选择子代的常住地所在村/社区的其他房子里，27.88%选择居住在子代常住地所在县/市/区的其他村/社区，还有与子代居住在同一院子（公寓）或者相邻的院子（公寓），占7.24%，合计占比65.53%。再加上父代子代同住的情况，这说明有75.78%的子代和父代居住在同样的县/市/区。这说明同住比例低，但距离并不是很远。这个问题的回答率比较低，但也说明一定的情况，居住在村庄的占有较大比例，占比68.08%，生活在主城区的占比18.25%。这个情况和子代的居住状况类似。

（七）父代户口状况

农业户口占比最大，达到82.52%，与居住在农村的仅为68.08%相比，相差约14%，说明很多人户口是农业户口但已经不在农村居住，可能的原因是父代跟随子代到城市中生活。

S01代表了笔者遇到的很多为了帮儿女看孩子而来到城市的父母。S01，女性，64岁，在4年前来到B市，因为自己的儿媳妇要生孩子了，儿媳妇的亲生母亲还没到退休年龄，于是她就过来帮忙照顾，本来是准备生完孩子等孩子再大一点就回农村老家，但是她的儿子、儿媳妇工作都比较忙，没有办法，等孩子上幼儿园了，还是待在B市，上学、放学接送孙子。到2018年为止，她已经在城市里居住了5年，由不适应到适应，至于以后要不要住下去，她说要看儿媳妇的要求。

（八）父代的政治面貌、民族状况、宗教信仰

整体来看（见图5-8），父代的政治背景、民族状况、宗教信仰占比都不是很多。父代的党员比例不是很高，仅为10.96%；少数民族比例也较低，为7.44%；宗教信仰比例为10.63%。

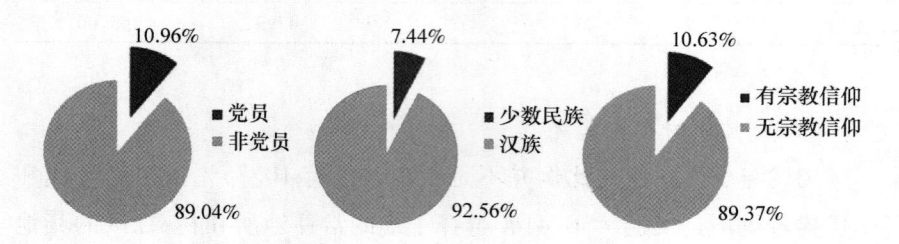

图5-8 父代的政治面貌、民族状况、宗教信仰

（九）父代基本状况的总结

通过以上各种指标数据的描述，我们可以对父代基本状况进行一个简要的概括性描述。三代家庭中处于父代的这批人，存活状况不容

乐观，有56%的已经去世。在存活的父代里面，63%是女性，37%是男性，存活的女性比例高于男性。父代主要出生在20世纪三四十年代。受教育程度主要是文盲、小学教育或者未读完小学，其中私塾占有一定比例。父代的健康状况较差，一般、不好和很不好的比例约占80%，但却有84%的表示能够生活自理。父代的职业主要是从事农业生产劳动，年收入均值接近6000元，但是方差较大，反映了父代的收入差距参差不齐。大部分父代和子代居住距离不远，有77.87%的子代和父代居住在同样的县/市/区，父代主要是农业户口，但是因为迁移流动，有一部分农业户口的父代现在居住在城市。父代当中，党员、少数民族、有宗教信仰者比例较低。

三 孙代的基本情况描述

（一）孙代的存活状况和性别比例

三代家庭中的孙代存活率比较高，有96.95%，仅有3.05%的孙代死亡。从孙代的性别比例来看，男性占54%，略多于女性，这也和我国整体的出生性别比相契合。国家统计局数据显示，2015年，我国出生人口性别比为113.51，也是男性多于女性。

（二）孙代的出生时间

从孙代的出生时间（见图5-9）可以看出，子代大部分出生于20世纪八九十年代，正是现在饱受热议的"80后"和"90后"群体。

（三）孙代的工作

孙代中有76.39%在工作，有11.78%在上学，但是竟然有11.4%比例的既不读书也不工作，这可能是待业青年，也可能是现在媒体上所谓的"啃老族"。

（四）孙代的最高教育水平

在孙代中（见图5-10），受过初中教育的最多，占比达到35.91%；其次是小学教育，占比16.15%；然后是高中教育，占比

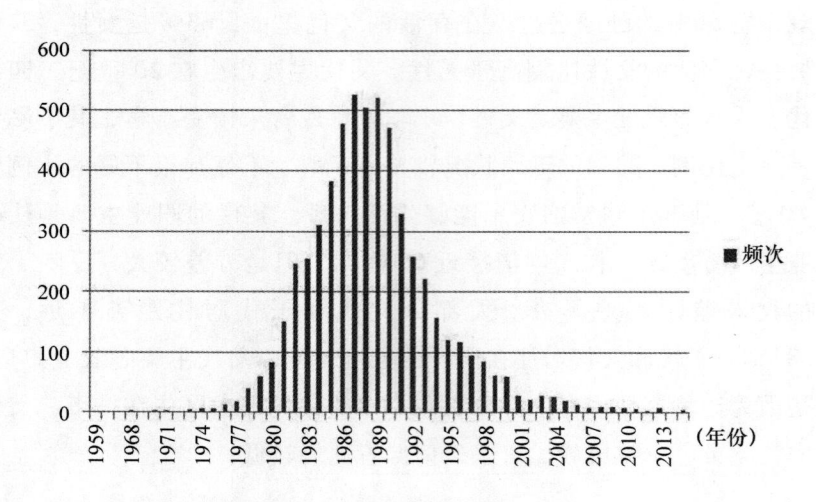

图 5-9 孙代的出生时间

11.90%；令人惊奇的是，本科毕业的占比为 11.18%，这是孙代区别于子代和父代的显著特征，体现了孙代受教育水平的增高。需要注意的是，孙代还有一部分人正处于上学阶段，也就是说，孙代的最高受教育水平还处于进行时。

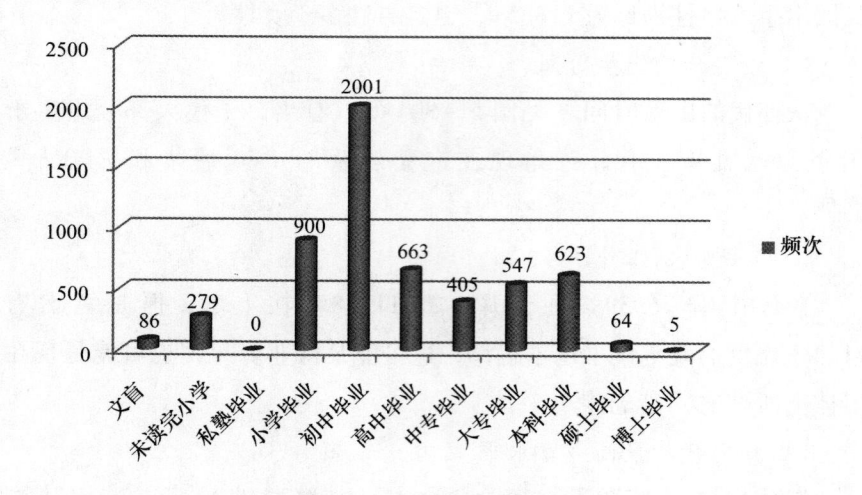

图 5-10 孙代的受教育水平

第五章 三代家庭的基本结构

（五）孙代的常住地和户口状况

有32.32%的已经居住在远离子代的其他县/市/区，但是仍然有22.83%的在子代家里居住且经济上不独立，有18.11%的居住在子代家里但是经济独立，两者合计占比能达到40.94%，还是占有较大比例。有0.4%的孙代在国外居住，也远远大于子代和父代，体现孙代在居住选择上更加全球化。孙代中农业户口居多，占比78.27%。

（六）孙代的婚姻状态

孙代大多出生于20世纪八九十年代，但是已婚比例达到62.43%，但也需要注意的是，仍有35.82%的人没有结婚（见表5-16）。孙代中也出现了已婚没有跟配偶在一起居住、分居、离异、丧偶的情况，但是比例很低。同时，同居占比0.19%，虽然比较少，但是在数据中基本体现出来了，这也反映出中国这种同居状态。

表5-16　　　　　　　　　　孙代的婚姻状态

婚姻状态	频次	比例（%）
已婚与配偶一同居住	3186	59.63
已婚没有跟配偶在一起居住	145	2.71
分居	5	0.09
离异	79	1.48
丧偶	4	0.07
从未结婚	1914	35.82
同居	10	0.19
总计	5343	100.00

（七）孙代的健康状况

整体来看，孙代的健康状况较好，一般及以上占到约97%。

（八）孙代的政治面貌、民族状况、宗教信仰

整体来看（见图5-11），孙代的党员、少数民族、有宗教信仰

占比都较小，均在10%以下，其中，有宗教信仰的比例最低，仅为4.88%。

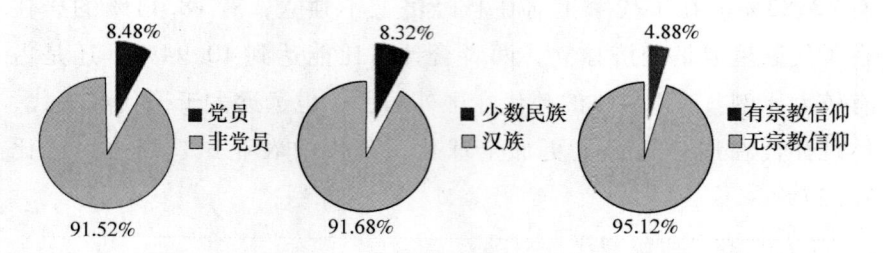

图5-11 孙代的政治面貌、民族状况、宗教信仰

（九）孙代2014年总收入和拥有房子状况

从孙代的收入分布可以看出（见表5-17），孙代的年收入不算太高，收入在10000—50000元的最多，占到50%以上。孙代之间的收入差距比较大，既有2000—5000元的约占4%，也有10万元以上的大约占4%。从孙代房子拥有情况来看，拥有房子的只占34.44%，没有房子的占比达到65.56%，说明孙代这批"80后""90后"的人还在为拥有房子而奋斗。

表5-17　　　　　孙代的2014年总收入

去年总收入	频次	比例（%）
没收入	830	18.38
2000元以下	55	1.22
2000—5000元	180	3.98
5000—10000元	277	6.13
10000—20000元	767	16.98
20000—30000元	837	18.53
30000—50000元	824	18.24
50000—100000元	561	12.42
100000—150000元	118	2.61
150000—200000元	33	0.73
200000—300000元	19	0.42
300000元以上	16	0.35
总计	4517	100

（十）孙代基本状况的总结

通过以上各种指标数据的描述，我们可以对孙代的基本状况进行一个简要的概括性描述。三代家庭中处于孙代的这批人，存活状况良好，仅有3.05%的孙代死亡。在存活的孙代里面，54%的是男性，46%的是女性，男性比例高于女性。孙代主要出生在20世纪八九十年代。受过初中教育的最多，占比达到35.91%；其次是小学教育，占比16.15%；再次是高中教育，占比11.90%；最后令人惊奇的是，本科毕业的占比为11.18%，反映了相较父代和子代，孙代受教育水平的提高。孙代的农业户口居多，占比78.27%。从孙代的常住地可以看出，有32.32%的居住在远离子代的其他县/市/区，但是仍然有22.83%的在子代家里居住且经济上不独立，有18.11%的居住在子代家里但是经济独立。孙代已婚比例达到62.34%，但也需要注意的是，仍有35.82%的人还没有结婚。孙代中也出现了已婚没有跟配偶在一起居住、分居、离异、丧偶的情况，但是比例很低。孙代的健康状况较好，一般及以上占到约97%。孙代过去一年总收入在1万到5万元间的居多，但是收入差距明显。孙代拥有房子的状况较差，仅为34%。

第三节　父子孙三代基本情况的比较

由于CHARLS数据并非主要为三代家庭的研究所设置，所以在问卷问题设置时并没有考虑到父子孙三代，便于比较，这里仅将能比较且对本书有意义的方面进行比较。

一　性别

从性别上看，父代女性占比较多；子代由于调查设计问题，男女比例接近；而孙代男性略多于女性。

二 受教育水平

从受教育水平来看（见表5-18），父子孙三代体现出明显差异，首先在父代中，还有一定比例的私塾毕业存在，但是子代和孙代已经没有了；在父代中，没有硕士、博士毕业，但在子代有了硕士毕业，而在孙代硕士、博士都有了。在整体的占比中，父代文盲居多，子代和孙代最多的是初中毕业，这反映了整体上子代和孙代受教育水平的提高。但在本科以上的高学历方面，孙代又比子代提高很多，本科毕业的子代仅为0.64%，孙代却达到11.18%，提高了16倍还要多，当然，这有高校扩招的因素存在。但总体来看，父子孙三代受教育水平呈现梯度形的升高。

表5-18 父子孙三代受教育水平比较

受教育水平	父代	子代	孙代
文盲	57.81	11.63	1.54
未读完小学	12.44	14.79	5.01
私塾毕业	2.35	0	0
小学毕业	15.65	21.04	16.15
初中毕业	6.94	32.38	35.91
高中毕业	2.33	14.34	11.90
中专毕业	1.46	2.07	7.27
大专毕业	0.40	3.01	9.82
本科毕业	0.62	0.64	11.18
硕士毕业	0	0.10	1.15
博士毕业	0	0	0.09
总计	100	100.00	100.00

三 户口状况

从户口状况来看（见表5-19），子代比父代的农业户口比例有所减少，但是子代和孙代之间变化不大，这有可能是一部分孙代还在上学，户口状况还未确定。

表 5-19　　　　　　父子孙三代户口状况比较　　　　　（单位：%）

户口情况	父代	子代	孙代
农业	82.52	78.08	78.27
非农业	15.22	20.4	19.24
统一居民户口	2.24	1.44	2.36
没有户口	0.02	0.08	0.13
总计	100.00	100.00	100.00

四　父代和孙代的居住状况

这里只能呈现父代和孙代的比较，因为这个问题问的是子代，"您的父代或孙代居住在什么地方"。表5-20显示，父代和子代同住的比例不如孙代高，可能是因为孙代还比较年轻，必须依靠父母。但是孙代现在还居住在出生地的比例相对父代来说很小，而且居住在其他地方的比例远大于父代，甚至在国外的比例是父代的10倍，这反映了孙代的居住范围更广泛，流动性增强。

表 5-20　　　　　　父子孙三代居住状况比较　　　　　（单位：%）

居住状况	父代	孙代
与我同住	10.25	22.83
与我同一个院子（公寓）或者相邻的院子（公寓）	7.24	18.11
他的出生地	14.63	1.34
我的常住地所在村/社区的其他房子里	30.41	7.3
我的常住地所在县/市/区的其他村/社区	27.88	17.7
其他	9.54	32.32
国外	0.04	0.40
总计	100.00	100.00

五　父代和孙代的政治面貌与宗教信仰

父代（10.96%）和孙代（8.48%）的党员比例差不多，父代略多于孙代，这可能与年龄有关系。父代生活的时间长，入党的机会要多于孙代。

父代（10.63%）和孙代（4.88%）的宗教信仰差距比较明显，父代有宗教信仰的比例显著高于孙代，甚至是孙代的两倍以上。这可能反映了不同代际的宗教信仰态度。

六　父子孙三代基本情况比较总结

通过数据中一些指标的比较，整体上能看出父子孙三代还是存在较大差别。在受教育水平方面，它呈现逐代提高的情况，尤其是在本科毕业及以上的高学历层面，孙代要显著好于父代、子代。户口方面，子代和孙代的非农户口比例相较于父代有所增加，但是孙代和子代之间差异不大。从父代和孙代的居住状况比较来看，孙代相较于父代居住的范围更广，流动性更强。而在政治面貌方面，父代党员比例略高于孙代，宗教信仰比例是孙代的两倍，这从一定程度上反映了两代之间不同的价值观。

第六章　三代家庭代际关系的现状和变化

前文已述，综合现今有关家庭代际关系的研究，大多是将经济往来、情感交流、劳务支持作为主要代表性的指标，本书对家庭代际关系的研究也采用这样的维度。本章首先根据 CHARLS 2015 年的数据对当前家庭代际关系的状况进行描述。其次结合 CHARLS 2011 年和 2015 年的数据来探讨家庭代际关系在 5 年间的变化情况。最后考虑到现有数据无法展现更长时段家庭代际关系的变化，这里引入口述史的方法，对更长时段家庭代际关系的变化情况做一简要分析。

第一节　2015 年三代家庭代际关系的现状

一　经济往来

在 CHARLS 2015 年的问卷中，使用了金钱往来和实物往来两种测量经济往来的方法，在金钱往来和实物往来中，又分为总共给了多少和定期给多少，其中，在实物往来的具体测量中，也是将实物转化为折合多少钱来测量。"总体史观"虽然力图呈现一个全面详细的历史断面，但是社会太复杂，即便是秉持总体史观的历史学家，对历史材料也是有选择的。如果将问卷中的所有信息都进行分析，恐怕是一本书做不到的。所以，基于研究需要，本章主要聚焦整体的代际经济往来，而不去更细致地考虑是日常给还是不定期给。由于实物往来也算是经济往来的一种，这里将金钱和实物的金额加总，得到总的经济往来。

（一）父代和子代之间的经济往来

1. 父代对子代的经济支持

CHARLS 数据是相当细致的。在 2015 年问卷中，他们将父代分为八种类型，包含亲生父母的有四种类型，第一种父代中至少有一个是生父，包含的具体类型是：生父和生母；生父和继母；生父。第二种是父代中至少有一人是生母，包含的具体类型是：生母和继父；生母。第三种至少有一人是配偶生父，包含的具体类型是配偶的生父和生母；配偶的生父和继母；配偶的生父。第四种至少有一个人是配偶生母，包含的具体类型是：配偶的生母和继父；配偶生母。

因为问卷中问的是具体金额，在如何描述这种状况时思考了很长时间，只用均值肯定是不合适的，可能他们之间的差距会比较大，再综合权衡之下，笔者还是采用表 6-1 这种比较全面表达信息的表格方式。这既包括样本量，又包括代表平均情况的均值、反映差距的标准差、最小值、最大值。在研究过程中，笔者发现其实填 0 的特别多，这说明尤其在父代和子代经济往来中，子代都是成年子女已经工作挣钱，所以这里也把 0 值占比列入描述性表格，信息反映也能更加充分。

表 6-1　　　　四种父母类型对子代经济支持状况　　　　（单位：元）

父代类型	样本量	均值	标准差	最小值	最大值	0 值占比
父母类型 1	858	553.2879	4645.763	0	100000	0.89
父母类型 2	1004	1017.4450	23759.240	0	750000	0.92
父母类型 3	850	460.5871	3359.156	0	60000	0.90
父母类型 4	887	135.0789	2108.165	0	60000	0.95

总体来看，四种类型的父代给子代的钱都不算多（父母类型 2 受极值影响，从最大值和标准差可以看出来），并且从 0 值占比来看，90% 左右的父代都不给子代钱。从四种类型来看，父母类型 1 和父母类型 2 给的钱多于父母类型 3 和父母类型 4，这说明亲生父母比配偶父母给的钱多，这也和社会常识相吻合。这说明谁的骨肉谁亲，父代在有能力的情况下总是给自己亲生的孩子钱，而不是给儿媳妇或者女婿。

为了方便和不同代际经济往来的比较，这里将四种父母类型给子女的经济支持进行加总平均计算，可以对父代对子代的经济支持总体状况进行概括性表述。从表 6-2 可以看出，父代对子代的经济支持一年平均大概是 560 元，但是有接近 92% 的父代并没有给子代经济支持。

表 6-2　　　　　　父代对子代经济支持状况　　　　　　（单位：元）

	样本量	均值	标准差	最小值	最大值	0 值占比
父代对子代的经济支持	3599	557.8077	8468.081	0	750000	0.92

2. 子代对父代的经济支持

通过表 6-3 可以看出，子代对父代四种类型的经济支持状况。首先来看 0 值占比，子代不给父代经济支持的四种类型都在 25% 左右，这和父代不给子代支持占比 90% 以上形成鲜明对比，这验证了王跃生等所认为的：在现代社会，中国的经济流动还是从子代流向父代。从均值来看，子代给四种类型父代经济支持都在 1000 元以上，且四种类型的均值相差不大。从标准差来看，四种类型也是相差不大，这说明子代给父代经济支持具有普遍性，不同类型间并没有太大差异。

表 6-3　　　　子代对四种父母类型经济支持状况　　　　（单位：元）

父代类型	样本量	均值	标准差	最小值	最大值	0值占比
父母类型1	830	1338.177	2528.300	0	32000	0.22
父母类型2	971	1269.984	2472.088	0	32000	0.21
父母类型3	818	1347.427	2708.923	0	41500	0.27
父母类型4	845	1236.42	2115.708	0	31000	0.24

从加总计算的结果来看（见表6-4），子代给父代的经济支持的均值约为1296元，有77%的子代会给父代经济支持。

表 6-4　　　　子代对父代经济支持状况　　　　（单位：元）

	样本量	均值	标准差	最小值	最大值	0值占比
子代对父代的经济支持	3464	1296.424	2456.255	0	41500	0.23

3. 父代和子代经济往来的对比

从父代和子代经济往来的对比来看（见表6-5），首先是经济往来的均值，父代对子代约是560元，子代对父代约是1300元，子代是父代的两倍以上，对父代支持的多。其次，从0值占比情况看，父代仅有8%对子代给予经济支持，而77%子代对父代都有经济支持。

表 6-5　　　　父代和子代间的经济往来状况　　　　（单位：元）

类型	样本量	均值	标准差	最小值	最大值	0值占比
父代对子代的经济支持	3599	557.8077	8468.081	0	750000	0.92
子代对父代的经济支持	3464	1296.4240	2456.255	0	41500	0.23

为何有这样的差距？结合第五章三代家庭的基本情况，父代的年

龄普遍在70—80岁,子代的年龄在40—50岁,按照中国传统的孝道文化,对于父代正是"养儿防老""多子多福"的时段。在中国的老年照料主要依靠家庭养老的情况下,父代的颐养天年主要是靠子代支持,至少在中国的"道义"上,不需要父代给子代太多经济支持。同时,与西方做对比,似乎西方的家庭现代化理论还不能解释中国的这种情况,正如前面一直强调,实际上在家庭代际关系方面存在文化堕距,中国制度设置基本上处于现代化阶段,但家庭代际关系这种文化变迁远远落后于制度的变迁。但是现在并不能说中国就没有一点点的家庭现代化,至少父代还是能够给子代一些经济支持,这和以往认为的传统家庭的单方面供养又有不同,这可能是缓慢进行中的"半家庭现代化"。

(二)子代和孙代之间的经济往来

1. 子代对孙代的经济支持

第五章已经指出,实际上三代家庭有4个以上孙代的属于少数,为了研究的简约,这里只考虑孙代也就是子代的4个孩子及其以内的情况。事实上,从表6-6中也可以看出,到了4孩回答这个问题的人数已经降到了206人,而5孩的情况仅有几十个。

表6-6　　　　子代对不同孩次孙代的经济支持状况　　　　（单位：元）

类型	样本量	均值	标准差	最小值	最大值	0值占比
1孩	2559	6735.079	32286.590	0	800000	0.63
2孩	1925	4677.683	58651.870	0	2500000	0.63
3孩	708	1723.439	8061.437	0	150000	0.70
4孩	206	1958.374	12708.760	0	175000	0.72

首先来看子代对孙代的经济支持。先看0值占比,从1孩到4孩,0值占比依次提高,说明子代给予1孩、2孩的经济支持比例更高。然后,从经济支持的均值来看,呈现1孩到4孩依次递减的过程,1孩还是6000多元,到了4孩已经是约2000元了,递减差距

较大。

但也不排除一种情况，就是孙代买房子或者结婚。根据前一章的基本情况，孙代已婚比例为62%，买房比例也达到35%。恰巧问卷中也问到子代为孙代结婚彩礼和买房子的花费情况，这里做一简要分析（见表6-7）。

表6-7　　　　　　　　子代给孙代彩礼情况　　　　　　　　（单位：元）

类型	样本量	均值	标准差	最小值	最大值
1孩	956	32237.47	52887.39	200	1100000
2孩	667	26944.70	34745.08	2	300000
3孩	213	18632.43	24289.58	8	160000
4孩	58	26243.10	43038.30	200	200000

前面代际的经济支持都是问的过去一年的情况，但是彩礼只是在孙代结婚的时候才发生，不一定是去年，并且彩礼是一次性支出。

从表6-7来看，子代给孙代彩礼数额的均值还不小，基本上在2万元到3万元。当然，从标准差来看，它们的差距也很大。笔者一直考虑要不要把彩礼放到子代对孙代的经济支持中，考虑到这只是一次性支出，无法均摊到每一年中，并且其他代际支持都是问的过去一年的情况，所以这里单列出来，指出彩礼和帮助购房算是经济支持的一种，但限于数据无法细分，所以没有将其纳入分析。

这个问卷问的是在当时的情况下，这个房子值多少钱，然后要求回答是多少万元。但是从表6-8的数据来看，估计受访者没想清楚，有的回答的是万元，有的回答的是元，所以这里出来的数据很奇怪，差距比较大，极值比较大。但是买房子不比出彩礼钱少，也一定程度上体现了子代对孙代的经济支持。

表6-8　　　　　　　子代给孙代购房情况　　　　　　（单位：元）

类型	样本量	均值	标准差	最小值	最大值
1孩	201	42683.24	271678.9	0.3	3600000
2孩	93	12008.84	58128.73	1	400000
3孩	20	3530.1	15645.42	2	70000
4孩	6	43.83333	37.03197	6	100

从子代对孙代的经济支持计算结果来看（见表6-9），子代给孙代的经济支持均值约为5161元，有36%的子代给孙代经济支持。从标准差来看，子代给孙代的经济支持的内部差异性较大，达到约28000元。其实，这从前表的4个孩子之间的差距也可以看出来。

表6-9　　　　　　　子代对孙代经济支持状况　　　　　　（单位：元）

	样本量	均值	标准差	最小值	最大值	0值占比
子代给孙代的经济支持	5398	5161.769	27927.16	0	2500000	0.64

2. 孙代对子代的经济支持

表6-10是不同孩次孙代对子代的经济支持状况。从0值占比来看，1孩到4孩差距不大，有接近50%的孙代给子代经济支持。这和新闻频繁报道的"'80后'、'90后'啃老族"截然相反，说明饱受社会关注的代际关系个案并不能代表整体情况，同时也为"80后""90后"正名。

表6-10　　　　　不同孩次孙代对子代经济支持状况　　　　　（单位：元）

类型	样本量	均值	标准差	最小值	最大值	0值占比
1孩	2559	2840.281	13846.510	0	600000	0.48
2孩	1923	2234.533	6985.116	0	200000	0.45
3孩	701	2235.622	12030.460	0	300000	0.43
4孩	201	1531.866	3463.044	0	31000	0.48

从孙代给子代的经济支持加总计算结果来看（见表6-11），孙代中有54%给子代经济支持，经济支持的均值接近2500元。

表6-11　　　　　孙代对子代经济支持状况　　　　　（单位：元）

	样本量	均值	标准差	最小值	最大值	0值占比
孙代给子代的经济支持	5384	2496.353	9081.283	0	600000	0.46

3. 子代和孙代经济往来的对比

从表6-12子代和孙代经济往来的对比来看，孙代给子代经济支持的比例比子代给孙代经济支持的比例高，但子代给孙代的经济支持均值为5100多元，而孙代给子代的经济支持仅约为2500元，还是子代给孙代的钱多。虽然从比例上破除了"80、90后啃老族"的印象，但在现实中"80、90后"的父母的确给了子女很多经济支持，比子女孝敬父母的要多。这可能与"80、90后"刚工作时间不长，没有太多钱有关。

表6-12　　　　　孙代对子代经济支持状况　　　　　（单位：元）

类型	样本量	均值	标准差	最小值	最大值	0值占比
子代给孙代的经济支持	5398	5161.769	27927.160	0	2500000	0.64
孙代给子代的经济支持	5384	2496.353	9081.283	0	600000	0.46

（三）父子孙三代之间的经济支持

从表6-13可以看出，子代作为中间一代，承受着巨大的压力，既要给父代经济支持，又要给孙代经济支持。虽然父代和孙代也回馈给子代一定的经济支持，但显然子代付出的更多，俨然被称为"夹心层的一代"。但是子代给父代和孙代的支持又有差异，从经济支持比例来看，77%的子代给父代经济支持，而36%的子代给孙代经济支持，比例相差41%。但是从经济支持的均值看，子代对父代经济支持的均值约为1300元，远小于子代给孙代的约为5100元，两者之间相差约3800元。

表6-13　　　　　父子孙三代间经济往来状况　　　　　（单位：元）

	样本量	均值	标准差	最小值	最大值	0值占比
父代对子代的经济支持	3599	557.8077	8468.081	0	750000	0.92
子代对父代的经济支持	3464	1296.4240	2456.255	0	41500	0.23
子代给孙代的经济支持	5398	5161.7690	27927.160	0	2500000	0.64
孙代给子代的经济支持	5384	2496.3530	9081.283	0	600000	0.46

如果将父子孙三代的经济往来放在一块儿看，可以发现，现在很多学者所宣称的"眼泪往下流""代际的失衡"仅仅关注子代给父代的钱不如子代给孙代的钱多，但是忽视了子代给父代经济支持的比例高，而给孙代经济支持的比例低。所以，仅仅从经济往来方面很难单纯地说"眼泪往下流""代际的失衡"，这既要看支持金额，也要看支持比例。

二　情感交流

实际上，情感交流是很难测量的，但是在家庭代际关系方面，学界一般用见面、联络的情况来指代，所以这里采用这种方式。由于问卷中设计了只有不居住在一块儿才可以存在看望联络的情况，所以这里的情感交流主要是指不居住在一起的父子孙三代的情感交流情况。

（一）子代和父代之间的情感交流

在实际的问卷调查中，将子代和父代的情感交流分为子代分别和生父、生母、配偶生父、配偶生母情感交流的情况，所以要先看他们之间的居住关系。

居住关系是影响家庭代际关系的主要方面，首先要看父代的居住情况，从表6-14中可以看出，生父主要是和配偶一块儿居住，占比接近一半，其次是和子代居住，最后是单独居住；生母主要是和子代一块儿居住，其次是单独居住；配偶的生父主要和配偶一块儿居住，其次是和子代的兄弟姐妹一起居住；配偶的生母主要是和子代的兄弟姐妹一起居住，其次是和配偶一起居住。需要注意的是，问卷中的这个问题可多选，所以总计的子代生父、生母和配偶生父、生母的居住选择多于父代的人数。

表6-14　　　　　　　　父代的居住状况　　　　　　　（单位：%）

居住状况	生父		生母		配偶生父		配偶生母	
	频次	比例	频次	比例	频次	比例	频次	比例
自己单独住	166	14	421	27	155	13	416	20
和配偶住	569	47	74	5	563	47	606	29
和子代居住	323	27	735	47	4	0	19	1
和子代的兄弟姐妹居住	0	0	0	0	305	25	713	34
和配偶的兄弟姐妹居住	21	2	33	2	21	2	32	2
和孙代居住	33	3	27	2	0	0	0	0
和子代的兄弟姐妹的孩子居住	0	0	1	0	33	3	51	2
和子代配偶的兄弟姐妹的孩子居住	4	0	9	1	8	1	12	1
和其他亲戚居住	17	1	60	4	24	2	67	3
在子女家轮住	2	0	13	1	5	0	10	0
养老院	12	1	28	2	19	2	33	2
其他	65	5	177	11	60	5	140	7
总计	1212	100	1578	100	1197	100	2099	100

从表6-15的数据可以看出子代分别看望不同的父代的情况，整体上看，最高的是差不多每天，无论是看望生父、生母、配偶生父、配偶生母基本上占比都在20%以上，但是子代看望配偶生父、生母的比例比子代看望生父和生母的比例高。从加总后的表6-16中，也可以看出，最高的是差不多每天看望，占比26%；其次是每月看望

一次，占比大约在 16%；最后是每周一次，占比为 11%。但是也存在几乎没有见过的情况，占比在 2% 左右。如果以每月一次作为频繁与否的临界点，从对子代看望父代的汇总可知，74% 的人每月至少见一次，这说明子代和父代之间的情感交流还算频繁。

表 6–15　　　　子代与不同父代的情感交流状况　　　　（单位：%）

看望情况	子代看望生父		子代看望生母		子代看望配偶生父		子代看望配偶生母	
	频次	比例	频次	比例	频次	比例	频次	比例
差不多每天	187	23.00	243	24.52	221	27.87	376	28.75
每周 2—3 次	83	10.21	91	9.18	80	10.09	122	9.33
每周一次	100	12.30	110	11.10	90	11.35	147	11.24
每半个月一次	96	11.81	122	12.31	79	9.96	127	9.71
每月一次	136	16.73	160	16.15	117	14.75	205	15.67
每三个月一次	90	11.07	97	9.79	83	10.47	125	9.56
半年一次	36	4.43	57	5.75	41	5.17	78	5.96
每年一次	47	5.78	62	6.26	51	6.43	72	5.50
几乎从来没有	17	2.09	28	2.83	10	1.26	27	2.06
其他	21	2.58	21	2.12	21	2.65	29	2.22
总计	813	100.00	991	100.00	793	100.00	1308	100.00

表 6–16　　　　子代与父代情感交流状况

子代看望父代	频次	比例（%）
差不多每天	1027	26
每周 2—3 次	376	10
每周一次	447	11
每半个月一次	424	11
每月一次	618	16
每三个月一次	395	10
半年一次	212	5
每年一次	232	6
几乎从来没有	82	2
其他	92	2
总计	3905	100

（二）子代和孙代之间的情感交流

在表 6-17 的子代与孙代情感交流状况中，颇令人意外的是，这 4 个孙代中，竟然都是每年见一次占比最多，在 17%—20%。前两个孩子其次是半年见一次，后两个孩子是差不多每天都见。

表 6-17　　　　子代与孙代情感交流状况　　　　　（单位：%）

见到孩子情况	第一个孩子		第二个孩子		第三个孩子		第四个孩子	
	频次	比例	频次	比例	频次	比例	频次	比例
差不多每天	275	14.84	199	12.66	103	14.55	38	15.70
每周 2—3 次	71	3.83	64	4.07	47	6.64	17	7.02
每周一次	160	8.63	142	9.03	88	12.43	40	16.53
每半个月一次	134	7.23	122	7.76	44	6.21	8	3.31
每月一次	195	10.52	206	13.10	66	9.32	16	6.61
每三个月一次	246	13.28	201	12.79	81	11.44	28	11.57
半年一次	352	19.00	244	15.52	98	13.84	30	12.40
每年一次	350	18.89	318	20.23	143	20.20	42	17.36
几乎从来没有	19	1.03	34	2.16	13	1.84	12	4.96
其他	51	2.75	42	2.67	25	3.53	11	4.55
总计	1853	100.00	1572	100.00	708	100.00	242	100.00

三个月见一次的占比排名也在前列，但是也存在几乎从来没有见过的情况。从加总后的表 6-18 来看，每年一次的占比最高，为 19%；其次是半年见一次，占 17%；然后是差不多每天，占 14%。从至少每月见一次的情况来看，仅有 47% 的子代和孙代至少每月见一次。

表 6-18　　　　子代与孙代情感交流状况

子代看望孙代	频次	比例（%）
差不多每天	615	14
每周 2—3 次	199	5
每周一次	430	10

续表

子代看望孙代	频次	比例（%）
每半个月一次	308	7
每月一次	483	11
每三个月一次	556	13
半年一次	724	17
每年一次	853	19
几乎从来没有	78	2
其他	129	3
总计	4375	100

（三）子代和孙代之间的联络状况

问卷中还询问了子代和孙代间通过电话、短信、信件和电子邮件联系的情况（见表6-19），但是并未询问子代和父代间通过电话、短信、信件和电子邮件联系的情况。大概问卷设计者以为父代年龄较大，使用这种跨时空联络的情况比较少。事实上，老年人的手机使用率也比较高，尤其是随着智能手机的普及，一部分老年人已经开始熟

表6-19　　　　　　　子代与孙代联络状况　　　　　　（单位：%）

通过电话、短信、信件和电子邮件联系情况	第一个孙代		第二个孙代		第三个孙代		第四个孙代	
	频次	比例	频次	比例	频次	比例	频次	比例
差不多每天	168	12.48	123	9.89	64	7.82	27	7.14
每周2—3次	262	19.47	227	18.25	134	16.38	55	14.55
每周一次	385	28.60	309	24.84	189	23.11	92	24.34
每半个月一次	225	16.72	260	20.90	172	21.03	66	17.46
每月一次	187	13.89	192	15.43	137	16.75	58	15.34
每三个月一次	36	2.67	38	3.05	34	4.16	10	2.65
半年一次	12	0.89	14	1.13	12	1.47	11	2.91
每年一次	4	0.30	2	0.16	9	1.10	5	1.32
几乎从来没有	48	3.57	61	4.90	47	5.75	33	8.73
其他	19	1.41	18	1.45	20	2.44	21	5.56
总计	1346	100.00	1244	100.00	818	100.00	378	100.00

练使用微信进行联络。微信可以发送语音，不会影响文化程度较低且不会拼音的老年人使用。希望今后的问卷设计中会考虑老年人和子女利用现代通信手段联络的情况。

表6-19是子代和不同孙代通过电话、短信、信件和电子邮件联系的情况，在理论部分介绍了身体缺席交往理论，通过电话、短信、信件和电子邮件联系就是"身体缺席交往"的具体表现，随着通信科技的发展，这种身体缺席交往越来越多，并成为代际间交流很重要的形式。可以看出，子代和四个孙代的联络都是每周一次最多，但排名第二的有所不同，和第一个孙代是每周2—3次，和第二、三、四个孙代是每半月一次。几乎从来没有通过这些身体缺席交往手段联系的也占有一定比例，而且从第一个孙代到第四个孙代递增，这可能是年龄的原因。

在加总后的表6-20中，通过电话、短信、信件和电子邮件联系占比最多的是每周联系一次，为26%；其次是每半个月一次，占19%；每周2—3次和差不多每天的占比也比较高。整体来看，至少每月联系一次的占比达到88%。这也说明，这种身体缺席交往形式的出现，大大增加了代际间联系的频率。

表6-20　　　　　　　　子代与孙代联络状况

通过电话、短信、信件和电子邮件联系情况	频次	比例（%）
差不多每天	382	10
每周2—3次	678	18
每周一次	975	26
每半个月一次	723	19
每月一次	574	15
每三个月一次	118	3
半年一次	49	1
每年一次	20	1
几乎从来没有	189	5
其他	78	2
总计	3786	100

（四）父子孙三代情感交流的比较

子代和父代只有看望这一个维度，但是子代和孙代有见面和跨时空联系两种情况。如果单纯以见面来比较的话，从表6-21可以看出，以每月至少见一次作为临界点，74%的子代和父代间每月至少见一次，而只有47%的子代和孙代间每月至少见一次。这说明子代和父代的情感交流要比子代和孙代之间的情感交流多，可能也是因为这个阶段的父代更需要情感关照，而子代刚刚找到人生伴侣或者女朋友，不希望父母过多地干涉。

表6-21　　子代与父代、孙代见面状况对比

类别	子代看望父代		子代看望孙代	
	频次	比例（%）	频次	比例（%）
差不多每天	1027	26	615	14
每周2—3次	376	10	199	5
每周一次	447	11	430	10
每半个月一次	424	11	308	7
每月一次	618	16	483	11
每三个月一次	395	10	556	13
半年一次	212	5	724	17
每年一次	232	6	853	19
几乎从来没有	82	2	78	2
其他	92	2	129	3
总计	3905	100	4375	100

子代和孙代的情感交流中，通过电话、短信、信件和电子邮件这种跨时空联系或者身体缺席交往的方式要多于见面，表6-22显示，子代和孙代每月至少见面一次的占比为47%，而子代和孙代身体缺席交往形式每月一次的占比达到88%。这充分证实了，在现代网络社会的大潮下，家庭代际关系受到巨大影响。当进入后现代社会，虽然交通比以前发达，见面更加容易，但是随着通信科技的发展，人们通过新的通信

手段，尤其是电话和互联网使交流变得更加简单。当然，这种交往是一种"身体缺席"的交往，与传统的面对面交往仍然有差别。其实，这在家庭代际交往中更加频繁，上面的数据也能看出跨时空交往的频率显著多于见面交往，尤其是对于孙代是"80后""90后"的这部分群体。他们生活在电子信息化时代，对新的通信工具的使用能力更强，也更喜欢。孙代在使用新的通信手段的时候也会潜移默化地影响子代使用这些工具，也就是有些学者提出的"文化反哺""文化反授"。

表6-22 子代与孙代见面和"身体缺席"交往状况对比

	子代与孙代见面		子代和孙代"身体缺席"交往	
	频次	比例（%）	频次	比例（%）
差不多每天	615	14	382	10
每周2—3次	199	5	678	18
每周一次	430	10	975	26
每半个月一次	308	7	723	19
每月一次	483	11	574	15
每三个月一次	556	13	118	3
半年一次	724	17	49	1
每年一次	853	19	20	1
几乎从来没有	78	2	189	5
其他	129	3	78	2
总计	4375	100	3786	100

Z01浙江人，年龄在55岁左右，女性，小学没有读完，所以在认字和写字上有一定困难，学会用拼音在手机上打字还是5年前自己妹妹家的上小学的小女儿教会的。她的女儿在北京上学、工作、成家，一年回来个两三次，之前联系都是赶个周末煲煲电话粥。但是最近一两年，联系变得频繁，不论是周六日还是下班之后，微信视频的铃声，噔噔噔噔总是响起。Z01说，还是微信好，不花钱（实际上花的是网费），还能见面，想啥时候联系就啥时候联系，很方便；也不用打字，有啥急事不方便打字，发个语音也行，以前咋

不知道用这个东西。实际上,这是她在北京工作的女儿给她买了一种小米的智能手机才能装微信 App 的,然后用半天教会她使用。

相信上面的案例可能在很多家庭中都出现过,这种新鲜事物的文化反哺和文化反授将会成为一种普遍现象。这种远程交流增加了交流频次,但通过信号的虚拟交流,其实又会让人对此造成依赖,可能更加不愿意见面交流。所以,真的很难说这种"身体缺席"的交往到底是好还是坏。

三 劳务支持

CHARLS 2015 年在劳务支持方面的数据是缺失的,问卷中询问了子代给予父代的劳务支持,但是公布的数据并没有这一部分信息。笔者发邮件给北京大学负责 CHARLS 的中心教师,没有得到回复。后来询问现在在本校工作的老师,她在 CHARLS 中心做过博士后,她说因为技术原因,这部分数据没有采集上。所以,这里只能采用 CHARLS 2013 年的有关劳务支持的数据。CHARLS 数据是追踪数据,相隔两年,也可看出三代家庭代际关系中劳务支持的现状。

（一）子代对孙代的劳务支持

子代帮助孙代照顾子女,实际上是子代对孙代的劳务支持。三代家庭中的子代大多处于中青年阶段,不太需要父代和孙代对其劳务支持,反而给孙代和父代很多的劳务支持。从表 6-23 可以看出,每年子代对孙代的劳务支持巨大,均值单位是小时,每年最多 8760 个小时,最多的是对 1 孩的孩子的照顾均值达到约 2600 小时,也就是说,子代一年平均 30% 的时间都在给孙代劳务支持,最少的受访者配偶照顾 4 孩的孩子的还有约 893 个小时,也占一年时间的 10%。需要注意的是,8760 个小时是按照一年 365 天,每天 24 小时计算出来的,包括吃饭、睡觉的时间。从表 6-24 中也可以看出这种整体性的状况,子代照顾孙代的孩子平均每年要花 2000 多小时,可见子代对孙代的劳务支持是巨大的。

表6-23　　　　子代对不同孙代劳务支持的情况　　　　（单位：小时）

		样本量	均值	标准差	最小值	最大值
第一个孙代	受访者劳务支持	724	2609.640	2667.160	0	8760
	受访者配偶劳务支持	724	1776.452	2487.004	0	8760
第二个孙代	受访者劳务支持	324	2105.086	2395.103	0	8760
	受访者配偶劳务支持	324	1490.458	2229.977	0	8760
第三个孙代	受访者劳务支持	95	2350.347	2735.472	0	8736
	受访者配偶劳务支持	95	1596.242	2245.839	0	8736
第四个孙代	受访者劳务支持	22	1005.273	1379.230	0	6240
	受访者配偶劳务支持	22	893.5455	1321.292	0	4800

表6-24　　　　子代对孙代劳务支持的情况　　　　（单位：小时）

	样本量	均值	标准差	最小值	最大值
子代对孙代的劳务支持	2330	2041.711	2182.635	0	8760

（二）子代对父代的劳务支持

CHARLS数据问得比较细，先问受访者照顾亲生父亲、母亲和配偶父亲、母亲的情况，然后又问受访者配偶照顾自己亲生父亲、母亲和配偶父亲、母亲的情况。从表6-25的数据结果来看，受访者或者受访者配偶照顾对方父母亲的时间比照顾自己亲生父母亲的时间还要长。例如，受访者照顾配偶父母亲分别是约666小时和734小时，但是照顾自己亲生父母亲则是约494小时和603小时，这个差距在100小时左右，还是比较明显的。受访者配偶也是如此，照顾配偶的父母亲分别是约585小时和654小时，但是照顾自己亲生父母亲则约为470小时和515小时，差距也在100小时左右。难道是夫妻双方想要在对方父母面前表现一下吗？也许是迫于配偶的压力，这值得深思。

表 6-25　　　　子代对不同父代劳务支持的情况　　　　（单位：小时）

	样本量	均值	标准差	最小值	最大值
受访者照顾父亲	286	494.7035	1125.971	0	8528
受访者照顾母亲	448	603.9799	1312.403	0	8760
受访者照顾配偶父亲	161	666.8727	1674.240	0	8736
受访者照顾配偶母亲	260	734.4500	1632.764	0	8736
受访者配偶照顾父亲	224	470.1317	1018.272	0	7280
受访者配偶照顾母亲	324	515.7902	1171.162	0	8760
受访者配偶照顾配偶父亲	143	585.3916	1424.769	0	8736
受访者配偶照顾配偶母亲	239	654.00	1546.518	0	8736

另一个有意思的发现是，照顾母亲比照顾父亲的时间要长，无论是受访者还是受访者配偶，照顾母亲比照顾父亲大概要长50个小时。其实，从样本量上可以看出，母亲样本量多于父亲，说明母亲活得时间长，存活的多。人口学对于男女性的预期寿命有个观点，普遍认为女性比男性活得时间长，但是女性带病存活或者失能存活时间比男性要长，这样的话，女性就需要更多的照顾。这也可以理解为什么照顾母亲比照顾父亲的时间长。为了后面进行比较，这里也对照顾父母的情况进行汇总处理。

整体来看（见表6-26），子代对父代的劳务支持每年均值约为584小时，标准差较大，反映了子代对父代劳务支持的力度不均衡。

表 6-26　　　　子代对父代劳务支持的情况　　　　（单位：小时）

	样本量	均值	标准差	最小值	最大值
子代对父代的劳务支持	3275	584.491	1363.262	0	8760

（三）子代对孙代、父代劳务支持的比较

通过表6-27子代对孙代、父代劳务支持的比较，可以看出子代对孙代的劳务支持要远远大于子代对父代的劳务支持。从均值看，子代对父代的劳务支持约为一年584小时，但是给孙代的劳务支持则约是2041小时，甚至是给父代的近4倍。从劳务支持方面来说，的确存在"代际倾斜"，也就是说，给予孙代劳务支持比父代的多。劳务支持从老一代向年青一代倾斜，三代之中子代更加重视孙代，也体现了阎云翔所提出的"新家庭主义"。

表6-27　　　子代对孙代、父代劳务支持情况的比较　　　（单位：小时）

	样本量	均值	标准差	最小值	最大值
子代对孙代的劳务支持	2330	2041.711	2182.635	0	8760
子代对父代的劳务支持	3275	584.491	1363.262	0	8760

四　父子孙三代家庭代际关系的总结

本书将家庭代际关系分为三个维度，即经济支持、情感交流、劳务支持，通过对2015年CHARLS经济支持和情感交流部分与2013年劳务支持部分的数据分析，可以得到对当前父子孙三代家庭代际关系的概括性认知。

站在中间一代的视角，在经济支持和劳务支持方面的确存在一种代际关系的倾斜，也就是说，子代给予孙代的经济支持和劳务支持要多于给予父代的。数据显示：子代对父代经济支持的均值约为1300元，远小于子代给孙代的约5100元，两者相差约3800元；子代对父代的劳务支持为一年约584小时，但是给孙代的劳务支持则是约2041小时，甚至是给父代的近4倍。

需要注意的是，在经济支持方面，子代普遍给父代经济支持，占比约为77%，但是子代给予孙代经济支持并不普遍，占比为36%，所以现在很多学者所宣称的"眼泪往下流""代际的失衡"仅仅关注子代给父代的钱不如给孙代的钱多，但是忽视了子代给父代的经济支持比例高，而给孙代的经济支持比例低。所以，很难单纯地说"眼泪往下流""代际的失衡"，这既要看支持金额，也要看支持比例。

在情感交流方面，数据显示，实际上，子代和父代之间的联系要更加频繁一些，74%的子代和父代之间基本上至少每月见一次，但是仅有47%的子代和孙代至少每月见一次。见面的频次上，应该是向父代倾斜。但是子代和孙代之间通过电话、短信、信件和电子邮件这种不见面的方式的联系频率很高，至少每月见一次的占比达到88%。

在劳务支持方面，数据显示，子代给孙代的劳务支持要比子代给父代的劳务支持要多，这具体体现在劳务支持的时间上。从均值看，子代对父代的劳务支持为一年584小时，但是给孙代劳务支持则是2041小时，给孙代甚至是给父代的近4倍。这的确体现出在劳务支持方面的向孙代代际倾斜。

以上表明，当谈到家庭代际关系时，我们往往很笼统地说"向上流"还是"向下流"。实际上，家庭代际关系是一个具有多维度的概念，要注意其内部的差异性。

第二节 家庭代际关系的5年变化——基于CHARLS数据

CHARLS数据从2011年才开始全国范围的调查，问卷格式也基本上固定，所以仅从CHARLS数据出发很难得到长时段的家庭代际关系变化。但由于CHARLS是一个系列调查，具有较强的可比性。此外，随着社会变迁的加快，以前观察年龄上的代际差异以10年来计算，但是现在观察代际差异以5年来计算，比如"80后"和"85后"就有较大的差异，所以观察短时段间是否有较大的变化也是有意义的。这是一个时间上的纵贯比较，不会像前面那么细，把问卷中的所有受访者、受访者配偶或者亲生父母、岳父母或公公、婆婆都列出来，以下只是对汇总数据的对比。

(一) 经济往来

表6-28是父子孙三代经济往来2015年和2011年的数据比较。可以看出，2011年数据的均值比较低，是因为2011年有关经济往来的填答率比较低，笔者查看原始数据发现，有些选题的填答人数只有几十人，所以导致样本均值急速降低。但从现有数据来看，实际上，2015年和2011年展现了同样的趋势，也就是，子代给孙代的经济支持要高于子代对父代的经济支持，只是2011年的支持金额没有2015年的差距那么大。其他方面，同样是父代对子代的经济支持不如子代对父代的经济支持，孙代给子代的经济支持不如子代给孙代的经济支持。整体上看，在经济往来方面，从2011年到2015年，父子孙三代间的经济往来流向变化不大。

表6-28　父子孙三代经济往来2015年和2011年的数据比较　（单位：元）

	2015年		2011年	
	样本量	均值	样本量	均值
父代对子代的经济支持	3599	557.8077	6918	67.01359
子代对父代的经济支持	3464	1296.4240	6872	384.5627
子代给孙代的经济支持	5398	5161.7690	6929	444.4440
孙代给子代的经济支持	5384	2496.3530	6855	185.2329

(二) 情感交流

从表6-29子代看望父代的情况来看，2011年和2015年最多的都是差不多每天都看望，其次是每月一次。总体上看，2011年和2015年类似，如果以至少每月一次作为临界点，2015年是74%，2011年是72%，只相差2个百分点，差距不大，2015年比2011年略有增加。

表 6-29　子代和父代间情感交流 2015 年和 2011 年的数据比较

子代看望父代	2015 年		2011 年	
	频次	比例（%）	频次	比例（%）
差不多每天	1027	26	1784	29
每周 2—3 次	376	10	592	10
每周一次	447	11	590	10
每半个月一次	424	11	553	9
每月一次	618	16	913	15
每三个月一次	395	10	626	10
半年一次	212	5	384	6
每年一次	232	6	389	6
几乎从来没有	82	2	150	2
其他	92	2	161	3
总计	3905	100	6142	100

从表 6-30 子代见孙代的情况来看，2015 年和 2011 年比例最多的都是每年一次，但是 2011 年比 2015 年多 7 个百分点。2015 年排名第二的是半年一次，而 2011 年是差不多每天。从至少每月一次的情况来看，2015 年是 47%，2011 年是 44%，相差 3 个百分点，2015 年比 2011 年略有增加。

表 6-30　子代和孙代间情感交流 2015 年和 2011 年的数据比较

子代见孙代	2015 年		2011 年	
	频次	比例（%）	频次	比例（%）
差不多每天	615	14	514	15
每周 2—3 次	199	5	154	5
每周一次	430	10	236	7
每半个月一次	308	7	233	7
每月一次	483	11	346	10
每三个月一次	556	13	347	10
半年一次	724	17	461	14
每年一次	853	19	870	26
几乎从来没有	78	2	114	3
其他	129	3	105	3
总计	4375	100	3380	100

表 6-31 是子代和孙代通过电话、短信、信件和电子邮件联系情况，其中，2015 年和 2011 年占比最多的都是每周一次，只不过 2015 年多 3%；其次占比第二的，在 2015 年是每半个月一次，在 2011 年是每周 2—3 次。从至少每月一次的情况来看，2015 年是 88%，2011 年是 80%，相差 8 个百分点，2015 年比 2011 年增加较多。这可能反映了通信技术发展的作用。现在主流的通信工具——微信便是诞生在 2011 年。腾讯发布的《2015 微信用户数据报告》显示，在 2015 年，微信活跃用户已经达到 5.49 亿人。此外，还有一些即时通信 App 也广泛使用，如 QQ，这给家庭成员间进行"身体缺席"的交往提供了极大的便利。数据显示的结果也从侧面反映了新型通信技术对家庭代际关系的影响。

表 6-31 子代和孙代间"身体缺席"交往情况 2015 年和 2011 年的数据比较

通过电话、短信、信件和电子邮件联系情况	2015 年		2011 年	
	频次	比例（%）	频次	比例（%）
差不多每天	382	10	402	12
每周 2—3 次	678	18	599	18
每周一次	975	26	768	23
每半个月一次	723	19	503	15
每月一次	574	15	443	13
每三个月一次	118	3	113	3
半年一次	49	1	40	1
每年一次	20	1	27	1
几乎从来没有	189	5	341	10
其他	78	2	141	4
总计	3786	100	3377	100

（三）劳务支持

劳务支持方面（见表 6-32），2013 年和 2011 年在均值方面有所差异。总体上看，子代照顾父代或者孙代孩子的时间都有所增长。子代对孙代的劳务支持增长约100小时，对父代的劳务支持增长近230个小时，说明子代的压力更大了。从子代对父代和孙代的差异上看，2013年和2011年都是子代对孙代的劳务支持多于子代对父代的劳务支持。这说明，劳务支持方面，依然是重视孙代的代际倾斜。阎云翔提出的"新家庭主义"重视孙代的特点，至少在2011年已经得到体现。

表6-32 子代对孙代、父代劳务支持情况2013年和2011年的数据比较

	2013年		2011年	
	样本量	均值	样本量	均值
子代对孙代的劳务支持	2330	2041.711	1751	1943.4620
子代对父代的劳务支持	5801	584.491	2631	357.6746

（四）家庭代际关系变化的总结

5年的确不算是特别长的时间，但是社会变迁的日新月异让我们不能忽视短时段的变化。从家庭代际关系的三个维度来看，经济支持方面，虽然2011年和2015年的均值不同（原因在于填答率），但是经济往来流动方向都是一致的，呈现往年青一代倾斜的状况。在情感方面，子代看望父代或者见孙代的占比类似，至少每月一次的占比变动不大，但是通过电话、短信、信件和电子邮件联系这种"身体缺席"交往的频率，2015年比2011年要显著增多，这可能是受新的通信技术手段的影响。在劳务支持方面，子代照顾父代或者孙代孩子的时间都有所增长，子代对孙代的劳务支持增长约100小时，子代对父代的劳务支持增长近230个小时，说明子代的压力更大。从子代对父代和孙代的劳务支持差异上看，2013年和2011年都是子代对孙代的劳务支持更多，这说明劳务支持重视孙代的情况没有变化。

第三节　家庭代际关系更长时段的变化——基于口述史的方法

总体史观认为：研究历史不能单纯地依靠史料，历史学家必须用自己的思想解读史料才能赋予史料生命。秉承总体史观的历史学者认为，历史分为长时段、中时段、短时段，只有通过对长中短时段的综合考察，才能摸清历史的本质。依据不同时段，历史的类别可以分为结构（structure）、局势（conjoncture）和事件（event），结构最重要，其次是局势，事件只不过是大海中的一朵浪花。既然研究家庭代际关系的变化事实上也是研究家庭代际关系的历史，也需要分析长时段、中时段、短时段的变化，将家庭代际变化放在长时段的"文化心态"、中时段的"人口变化"、短时段的"事件现象"中来分析。

前面章节已经对口述史做了一个简要的说明。口述史虽然是属于原生于历史学的方法，但是现在已经广泛应用于很多学科和领域。在社会学、民族学、人类学、政治学等领域，口述史的方法都占据了一席之地。人口学作为以人口数据为基础的社会科学，是否要引入或借用口述史的方法，笔者认为是有必要的。将口述史引入人口学有几个优点，一是当长时段的数据（如50年或100年）无法获得或者根本就没有这样的数据时，口述史可以作为有效的补充，虽然不一定有代表性，但也能说明一定的问题；二是传统的数据难以提供有关文化变迁、科技发展、社会事件的变量，但是通过口述史可以将这些结构、局势和事件有效地连接起来；三是现代口述史更加强调普通民众的个体发声，代表性上不足，但是可能更加深入，更能反映普通人生活；四是人口学者长期研究冷冰冰的数据，统计数据可以概括社会事实，但是也容易掩盖人口学中个体的"人"这一要素，将口述史引入人口学，能够将宏观数据和个人感受结合，互相印证。人口学发展至今已经颇受研究领域狭窄、研究方法单一且更新慢的掣肘，所以不妨尝试一个更加开放性的视角，探索更广的研究领域，引入更加多学科的方法。当然，这里需要再次声明，囿于数据限制，本书采用口述史的方法研究三代家庭代际关系在长时段的变化，并不是想要追求案例的代表性，而是强调典型性。

很多人以为口述史是不是找个人聊聊记录一下就可以了。事实上，口述史经过近百年来的演进有自身的一套严整的方法。口述者说了这么多，不可能全都记录呈现在研究中，对这种口述的整理、裁剪需要大量的技巧。另外，口述史研究除非那些独特且唯一的政治家和知名人士，普通人的口述史至少需要有多位口述者，如定宜庄（1999）写的《最后的记忆：十六位旗人妇女的口述历史》，便是对十多位满族旗人进行的口述史研究。考虑到口述史的记叙比较占据篇幅，并且本书是以定量研究为主，定性研究为辅，这里只选用两个有代表性且讲述细节比较清晰的案例：一个生活在南方，另一个生活在北方，且属于不同的出生队列，可反映不同的经济发展水平和家庭思想观念。一般来说，口述史要采用口述者口述的写作方式，也就是说，以口述者第一人称写作。本书为了方便两个案例的比较，采用第三人称叙述，并且考虑到口述史的特性，案例描述比较偏口语化。

口述史1：刘某，20世纪50年代出生在华北地区一个以农耕为主的村庄里，在出生之前，她已经有两个姐姐了。但前两个姐姐和她不是一个母亲，那两个姐姐的母亲是去世还是离婚改嫁了，没有明说，不得而知。刘某是这个家的第三个女孩，当生孩子生到第三个还是女孩时，在华北农村是让人感觉有点绝望的，好在那时候还没有计划生育，刘某的父亲在村大队里当会计，日子过得还凑合。为了要个男孩，孩子还要继续生，结果运气不错，后面刘某接连有了三个弟弟。还有一个妹妹。这时候家里有7个孩子，但是挣的钱就那么多，孩子多了，经济就窘迫起来，不知道通过什么途径就把刘某同父异母的大姐姐送给隔壁村的人托养了。刘某的二姐身体状况不好，基本上没上学就在家里帮着干点家务活，也干得不多。刘某结果就自然地接上二姐姐的接力棒，成为事实上的大姐，家里的半个母亲。刘某十分聪明，上小学一、二年级的时候都是拿满分，后来家里需要人手帮忙，她回家帮了几天忙，就再也不愿意回去上学了（关于这个情节，笔者向受访者反复确认，是不是家里因为没钱不让她上学了，她明确地表示不是，家里后来催促她去上学，她实在不愿去了，大概是怕同学们说她逃学鬼什么的）。刘某的三个弟弟结果都继续读书，还有一个读到师范，成为当地一个公职人员。

刘某辍学在十多岁的时候，此时，时间推移到60年代，适时正赶上"农业学大寨"和建立农村合作社。刘某在家里锻炼出一身本事，加上比较负责任，此外还有她父亲在大队当干部的优势，她成为妇女主任、拖拉机手，一时十分风光。这时候，家里的家务活就由她的妹妹接手。或许的确是事业上有成就感，也可能是因为家里实在需要帮手，刘某迟迟不愿出嫁；或许也可能是实在没有合适的对象，直到26岁才嫁给邻村的小伙子。笔者重点问这个时期家庭代际关系是怎样的，例如"您的父母有没有和您的爷爷奶奶、姥姥姥爷的经济往来、情感交流、劳务支持的状况"。刘某说他们家族是他们村里的两大家族之一，家里比较重视老年人，至于经济往来，似乎并不是很多，因为她的爷爷奶奶一直种地干活到不能动了，然后没有多长时间就去世了，也没怎么治，如果见面算情感交流的话，都是一大家族住在一条街上，基本上都是天天见，经常聊。劳务支持上，刘某感觉还是爷爷奶奶支持父母的比较多，平时爷爷奶奶不干农活就照顾孩子，刘某家孩子太多，实在照顾不过来，童年生活的很长时间是在姥姥姥爷家度过的。笔者又问刘某"你和父母之间的经济往来、情感交流、劳务支持的状况"。刘某说在家为姑娘的时候哪有什么私房钱，再说那时候是挣工分，就是稍微挣点钱也都是一分不少地给父母了，一大家子人，家里过年能做身新衣服就已经很不错了，基本上不给什么。"那你的姐姐、妹妹、弟弟也是这样吗？"她回答都是的。情感交流也是每天见面，每天都说话，就是赌气生气了不说话，也就个两三天。劳务支持也是干完农活干家里活，开完拖拉机然后有空照顾弟弟、妹妹。那时候也真是年轻，不觉得累，她觉得还是很快乐。

刘某嫁入邻村一年后生了一个女儿，那时候已经是70年代中后期。当时他们家开始尝试做点小生意，主要是卖豆腐。刘某的夫家不是一个大家族，这家有6个孩子，三男三女，刘某丈夫排行老二，老大通过招工去了市里，老二、老三和他们父母亲住在一个大宅院里。刘某生了女儿后承受着巨大的压力，一直想再生一个，而当时计划生育的旋风正从华北平原上刮起，村干部和计生干部去超生家里牵牛、牵羊、搬粮食。卖豆腐生意还算可以，温饱不成问题，但是一个屋檐下，兄弟们住一块儿，加上父母偏爱，很快走向分家。这时候的代际关系比较紧张，刘某一家既要照顾小孩，当然当时主要要挣钱，小孩照顾得也不是很精细，又要照顾老人。刘某生的女孩两三岁后，刘某公公去世，婆婆身体健康，独自在院子里居住，但仍需照顾。当然，刘某婆婆也会偶尔照顾刘某女儿。当时钱挣得很少，基本上自己花够用，省点给婆婆，其他也没有太多的金钱流动，情感交流每天都见，劳务支持上，其实互相支持的并不多。

在20世纪80年代，由于计划生育政策允许农村地区第一胎是女孩的，可以再生一胎，刘某的第二个孩子，男孩终于出生。刘某家在这时候获得了村里给批的一块宅基地（或许因为刘某是村里为数不多的党员），开始有了自己的独立住房。刘某一家放弃了做豆腐的生意，因为新的做豆腐技术的出现，他们的老方法效率太低，然后靠山吃山，靠水吃水，就在附近的一个沙场工作。盖完房子需要还欠款，这时候婆婆年龄大了，不能自己居住，开始在兄弟们之间轮养，三个儿子的每家四个月。这时候进入了稳定期，但是生了一个男孩太金贵了，刘某一家投入大量的精力来照看这个男孩，很是宠爱。刘某一家单独居住并且婆婆开始在各家轮住养老，当时又没有电话，父代和子代之间的情感交流开始减少，见不上面，劳务支持也开始减少，但此时比之前富裕了，给的养老金呈现逐年增多的趋势，偶尔过生日、节日还要给些小红包。家里只有两个孩子，对孩子就更加重视，那个时代上学要交学费，还要交杂费，甚至还要交勤工俭学费，但是只要学校要钱，刘某二话不说就掏钱。而且，刘某还经常在做人做事上对孩子言传身教。

中年到老年的刘某经历过很多事情，但和家庭代际关系无关，这里就略过。男孩出生20多年后，定居在城市，刘某跟随儿子来到城市，在他们农村人戏称为"鸽子笼"的楼房里帮忙带孩子。刘某深刻地感受到，现在带孩子和以前的差距太大了。因为是孙子，不是自己的孩子，老是怕磕了碰了，淘气又不敢去打。此外，还有媳妇老是盯着，真是感觉有时候干很多活也不讨好。此时的刘某成为代际关系中的父代，儿子还算孝顺会经常给钱，也经常嘘寒问暖，但是很少帮刘某干活。孩子为了事业，她明白，刘某感叹道。刘某在城市中待时间长了有时候感觉也挺好，听到、学到很多在农村没有的东西。

口述史2：顾某某，20世纪60年代出生在江南的一个小镇，她是家里的老大，后来父母也想要个男孩，又生了一个妹妹，第三个是男孩，然后就不再生了。家里以务农为主，虽说也是合作社和集体化，但南方地区小商品市场发达，偶尔也卖点东西。顾某某虽说生在三年大饥荒后，可一点也没有对于饥荒的记忆，自出生时就感觉家里衣食无忧，虽然后来家里有了三个孩子，但是日子过得也不是很紧张。顾某某的父母做点小生意，也都是老实本分的人，辛辛苦苦一辈子在镇上盖了一幢三层小楼。顾某某的母亲不愿意和夫家一家一块儿生活，所以很早就搬了出来，保持有限的接触和联络。后来，还因为顾某某爷爷奶奶的财产分配产生了一些矛盾，从而就更加疏远，但是该给的养老钱还是会给，实在不愿见面就托人捎给。衣食无忧的顾某某就想出去见见世面。正所谓各个家庭都是不一样的，当笔者问顾某某他们的家庭关系的时候，顾某某表示很淡，即便顾某某的父母对孩子的感情也是很淡，但对家里男孩老三还是要多关注一些。顾某某作为家中老大倒是对此并不怪罪谁觉得，好像在那个时代那个地方，大家都是这样的。

顾某某没有走出去多久就遇见了一个男人，这个男人有想法、很会说，然后就跟了一辈子。那时候生活在乡镇的年轻人大概都想出去闯闯，此时的时间坐标停留在改革开放开始的20世纪80年代。他们来到上海，也是做豆腐的生意。江南地区人民天生的商业头脑让他们赚了一些钱，然后就生了第一个孩子，是个女孩子，来年又生了一个男孩。他们就把男孩留在身边，女孩送回顾某某的父母家也是女孩的姥姥姥爷家。在此时，顾某某和她的父母联系逐渐多了起来，经常寄钱回家。因为家里还有个没结婚的弟弟，顾某某也非常操心地帮忙介绍对象，后来找了邻村一个能干的女孩子。后面顾某某照顾家里也挺多的。

顾某某在外闯荡十多年后，有过很多钱的时候，也有没钱去买早点的时候，后来折腾一番，他们回到老家的县城，承包了农贸市场的摊位，卖点副食品和烟酒，日子过得还算凑合。女孩上大学之后就一直在外面，后来也在城市结婚定居。儿子当了几年兵，转业复员回家，在一个政府部门做合同工，2017年刚结婚。

其实，在访谈的时候，笔者深刻感觉仅仅用经济支持、情感交流、劳务支持去衡量家庭代际关系还是很不够的。家庭代际关系是一个较为复杂的关系，"情感劳动"也不仅仅是见面或者联络能概括的，这也是做研究受到数据中变量限制的一方面。但口述史很好地突破了这一限制，不仅给我们呈现一种较长历史时段的家庭代际关系变化，而且结合历史进程，更体现了这种变化和历史的联系，以及这种变化的丰富性。这里就以上两个口述史资料做一个简要的分析。

如果将刘某的经历和代际关系画成一个图，类似于图6-1的样子，可以更加细致刻画笔者所提出的"家庭代际关系生命周期"在历史进程中的面貌。整体来看，刘某本身经历从子代成为父代，而又有孙代这样一个完整的过程，而在不同的阶段和其他代之间的关系又构成家庭代际关系生命周期。刘某在60年代还没有长大，这时候需要家里照顾，但即便在小孩的时代，由于家里孩子多，她也是帮忙照顾弟弟妹妹和料理家务的。这时候子代和孙代之间的代际关系是双向的，刘某的爷爷奶奶或姥姥姥爷是有劳动能力的，会帮助照看小孩，而又不需要刘某的父母照顾或者给钱。所以，父代和子代的代际关系是从父代向子代流动的。

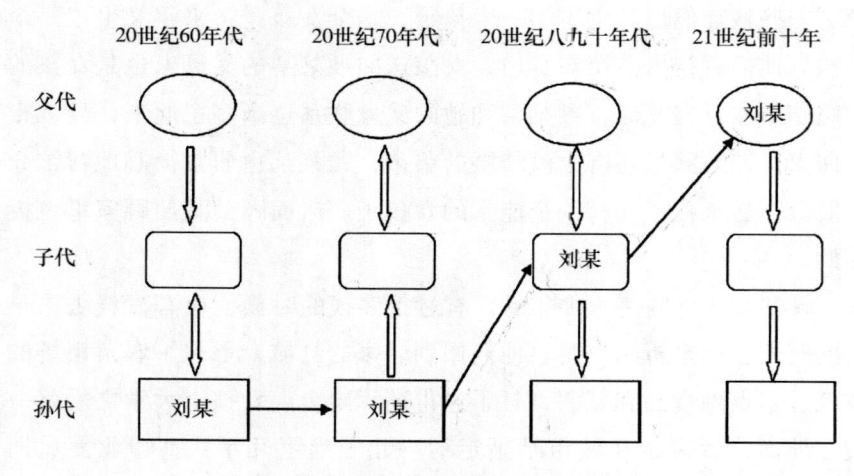

图 6-1 刘某的家庭代际关系生命周期

等到刘某成年，大约在 70 年代，刘某有了劳动能力，能挣钱了，开始补贴家里，最直接的就是给父母钱，而父母不需要照顾刘某，这时代际关系是单向地从孙代流向子代。此时父代年龄大了，开始需要照顾，但是父代也会力所能及地帮助家里干家务、照顾孩子等，所以父代和子代之间是双向的。到了八九十年代，刘某出嫁，生孩子，养育孩子，此时的她就成了子代，上要照顾婆婆，但是婆婆也能帮忙照看孩子，所以这时子代和父代是双向的，但是刘某的孩子还很小，她又必须照顾孩子，子代和孙代是由子代流向孙代。21 世纪前十年，刘某的孩子上学后，他们之间的关系变得比较淡薄。但是当刘某的孩子生了孩子，也就是刘某有了孙子之后，刘某就需要帮助孩子照看孙子，但孩子不需要照看刘某，所以父代和子代是单向的，就像回到

60 年代刚开始的父代和子代关系。这里其实可以看出"家庭代际关系再生产"的初始模型。但不同的是，由于孙代只有一个孩子，不存在相互照顾的问题，这时子代纯是照顾孙代，他们之间的关系是单向的。

刘某经历了一个纵跨时长达 60 年的生命历程，经历了人民公社化、"文化大革命"、家庭联产承包责任制等重大历史变动，这对她的家庭代际关系产生了影响。但同时，在孙代时候的刘某和现在刘某的孙子相比，可能家庭代际关系会有极大的反差。在孙代时，刘某是作为家庭的劳动力帮助照顾弟弟妹妹，在劳务支持方面，代际流动是向上，向子代流动，而现在刘某的孙子虽然年龄一直在增大，有了一定的劳动能力，但现在都是作为被照顾者角色出现，这时从劳务支持来说是向孙代流动。刘某和顾某某作为不同队列、不同出生地区的个人，她们的家庭代际关系也是有巨大的差异。所以，这里对家庭代际关系的生命周期进行总结。家庭代际关系依据人的寿命是有周期性的，但是它的内涵却因时代变化而变化。

事实上，顾某某的情况也可以做这样的分析，但是和刘某的可能会有些不同。笔者这里不是想提炼出一般家庭代际关系的模型，而是想通过简单的图表说明可能发生了这样的历史演变。正如顾某某所叙述的，这种历史演变可能会随着地区、经济发展、文化观念的不同而各有差异。

第七章 三代家庭代际关系的内部互动

总体史观不仅关注宏观的、重大的历史事件，还关注日常生活，试图通过人们的日常生活结构来研究历史进程。家庭是社会的细胞，但是细胞内部也有其结构，了解家庭内部的结构，使我们能更加了解家庭及其所蕴含的社会意义。家庭代际关系是家庭内部结构的重要组成部分，以经济往来、情感交流、劳务支持为主要代表性指标。这些指标具体是由问卷中的多个变量来指代的，加上本书研究的是三代家庭，所以变量更多、更复杂。例如，经济往来是子代和亲生父母、岳父母互动以及子代和多个孙代之间的互动，如何将多个变量整合成一个潜在变量，并清晰地表达各个潜在变量之间的关系，笔者进行了很长时间思考，最终选用结构方程模型（Structural Equation Modeling，SEM）作为家庭代际关系互动的研究工具。从现有文献来看，将结构方程模型应用在家庭领域的研究比较少，本书是一种探索性尝试。考虑到数据的完整性，本书主要用 CHARLS 2013 年的数据进行分析。

第一节 结构方程模型在家庭代际关系中的适用性

社会科学的发展总是和统计学相伴相生的，人口学尤其如此。整体来看，统计学数千年的发展历史经历了由简单的文字或数据记录基本事实的记述，发展成为纯由数字表示，并开始出现数据。对比服务于国家统计，后又经数学家将概率论引入统计形成公式推导为主的数理统计学，人口学中最难、最复杂的就是建立在概率论基础上的数理人口学，再到现在整个社会科学领域颇为流行的以样本推论总计的抽样推断统计。可以说，没有统计学的发展，就没有社会科学"科学性"的发展。

在统计学不断应用于社会科学的过程，逐渐面临一些新问题和新挑战。例如，如何对将不能观察或测量的变量纳入模型和进行参数估计，如何处理多指标、多变量的复杂模型，如何处理多变量之间的内生性和共线性问题等。结构方程模型的出现，有效解决了部分上述问题。

结构方程建模包括一组不同的数学模型、计算机算法和统计方法，它们适合构建数据网络。SEM 包括验证性因素分析、路径分析、偏最小二乘路径建模和潜在增长建模，通常用于评估不可观察的"潜在"结构。它经常调用一个定义的度量模型，使用一个或多个观测变量的潜变量，以及计算潜变量之间关系的结构模型。结构方程模型各结构之间的联系可以用独立的回归方程或通过更多参与的方法（如 LISREL 中采用的方法）来估计。SEM 在社会科学中使用较多，因为它能够从可观察变量中计算未观察结构（潜在变量）之间的关系。举一个简单的例子，人类智能的概念不能直接测量，但人们可以测量身高或体重。相反，心理学家提出一个智力假设，并写出了测量工具，其中包含旨在根据假设测量智力的项目（问题）。然后，他们会使用从他们的智力测试受访者收集到的数据来测试他们的假设。使用SEM，"智能"将成为潜在变量，测试项目将成为观察变量。本书主要用结构方程模型做三代家庭同代间或者不同代代际关系的互动情况研究。

结构方程模型的建模步骤大致分为四步：模型构建（model specification）、模型拟合（model fitting）、模型评价（model assessment）、模型修正（model modification）。因为涉及后面的模型解释，这里进行略微详尽的介绍。

（一）模型构建

SEM 中，模型的两个主要组成部分为：结构模型显示内生和外生变量之间潜在的因果依赖关系，测量模型显示潜在变量与其指标之间的关系。例如，探索性和验证性因素分析模型仅包含测量部分，而路径图可视为仅包含结构部分的SEM。在模型中指定路径时，建模者可以设定两种关系：（1）自由路径，其中测试变量之间的假设因果关系（实际上是反事实关系），因此可以"自由"变化；（2）通常基于之前的研究，在模型中"固定"已经具有估计关系的变量之间的关系。建模者通常会指定一组理论上合理的模型，以评估建议的模型是否可能是模型集中最好的模型。建模者不仅需要考虑模型建立的理论原因，还必须考虑数据点的数量和模型为确定模型而必须估计的参数数量。识别的模型是一个模型，其中一个特定的参数值唯一地标识了模型，并且没有其他等价的公式可以由不同的参数值给出。一个数据点是一个观察分数的变量，就像一个包含问题分数的变量或被访者购买汽车的次数。参数是感兴趣的值，可能是外生变量与内生变量之间的回归系数或因子负荷（指标与其因子之间的回归系数）。如果数据点的数量少于估计参数的数量，则结果模型为"未识别"，因为模型中所有方差的参考点太少。解决方案是将其中一条路径限制为零，这意味着它不再是模型的一部分。

（二）模型拟合和评估

通过比较表示变量与最佳拟合模型的估计协方差矩阵之间的关系的实际协方差矩阵来完成参数估计。这是通过最大似然估计、准最大似然估计、加权最小二乘或渐近分布自由方法所提供的拟合准则的期望最大化，通过数值最大化获得的。这通常使用专门的SEM分析程序来完成。

（三）模型评价

估算了一个模型后，分析师会想要解释这个模型。估计路径可以被制表和/或以图形方式呈现为路径模型。对变量的影响，使用路径追踪规则进行评估。检查估计模型的"拟合"，以确定其对数据进行建模的程度非常重要。这是SEM建模的基本任务：形成接受或拒绝模型的基础,并且更通常地接受一个竞争模型而不是另一个模型。SEM 程序的输出包括模型中变量之间估计关系的矩阵。拟合评估基本上计算预测数据与包含实际数据中关系的矩阵的相似程度。正式的统计测试和拟合指数已经被开发用于这些目的。模型的单个参数也可以在估计的模型中检查,以便看出所提出的模型与驱动理论的吻合程度。大多数(尽管不是全部)评估方法可以对模型进行这样的测试。当然,在所有的统计假设检验中,SEM 模型检验都是基于正确和完整的相关数据已经建模的假设。在 SEM 文献中,对拟合的讨论导致关于各种拟合指数和假设检验的精确应用的各种建议。评估适合度有不同的方法。传统的建模方法从零假设开始,奖励更简约的模型(即自由参数较少的模型),以及其他如 AIC,其重点在于拟合值偏离饱和模型的有多少重现测量值,同时考虑使用的自由参数的数量。由于不同的拟合度量度可以捕捉模型拟合的不同元素,因此适合报告一系列不同的拟合度量。具体可见表 7-1 中结构方程模型拟合程度的评价指标。

表 7-1　　　　　　　结构方程模型拟合程度的评价指标

指数名称		评价标准
绝对拟合指数	χ^2（卡方）	越小越好
	GFI	大于 0.9
相对拟合指数	RMR	小于 0.05,越小越好
	SRMR	小于 0.05,越小越好
	RMSEA	小于 0.05,越小越好
	NFI	大于 0.9,越接近 1 越好
	TLI	大于 0.9,越接近 1 越好
信息指数	CFI	大于 0.9,越接近 1 越好
	AIC	越小越好
	CAIC	越小越好

(四) 模型修正

模型可能需要修改以提高拟合度，从而估计变量之间最可能的关系。许多程序提供可能指导小修改的修改索引。修改指数报告释放固定参数导致的 χ^2 变化，因此向当前设置为零的模型添加路径。改进模型拟合的修改，可能被标记为可以对模型做出的潜在变化。对模型的修改，特别是对结构模型的修改，是对所声称的理论的改变。因此，修改必须在被测试的理论方面有意义，或者被认为是该理论的局限性。测量模型的改动或者变化，不应该根据数据的显著性来改变，而应当由理论来引导。正如麦卡勒姆（Maccallum，1986）所表明的那样，模型不应该由数据来导向："即使在模型完全拟合的情况下，单纯从数据显著性出发而缺乏理论指引的模型必须谨慎对待。"

第二节 三代家庭代际关系的内部互动

结构方程模型一般需要经过信效度检验、模型设置、载入数据、模型拟合、模型优化等步骤。本书的主要目的是展示经济往来、情感交流、劳务支持三个指标同代或者不同代际的互动关系，所以只展示最终优化好的结果。本书使用的软件是信效度检验和缺失值处理使用的 SPSS 19，结构方程模型使用的软件是 SPSS 的一个外插软件 AMOS 7。

一 三代家庭代际关系内部互动的假设

虽然结构方程模型可以展示多变量和潜在变量间的关系，但是结构方程模型的构建不能从数据出发而是要基于理论。有关家庭的理论，大多时候将家庭作为一个整体来看待，但有些学者注意到，其实研究家庭，尤其是家庭代际关系，要注意代际和代内的区别。如王跃生（2013）认为：家庭关系存在于家庭成员之间，而其成员又分血缘、姻缘和拟制血亲（收养等）关系，同时还有代际、代内之别，由此形成多种家庭关系类别。概括来讲，有夫妇关系、亲子关系、兄弟姐妹关系、婆媳关系、妯娌关系、祖孙关系、叔侄（伯侄、姑侄）关系、舅甥（姨甥）关系，还有堂兄弟姐妹、表兄弟姐妹关系等。若从代的角度着眼，这些关系形式可以被归纳为三大类：代内关系，夫妇之间、兄弟姐妹之间等；代际关系，亲子之间，还可延伸至公婆与子媳之间、岳父母和女婿之间等；隔代关系，祖孙之间等。从理论或广义上讲，上述关系类型的成员都有可能生活在一个家庭之中，并为"家庭关系"所涵盖。按照王跃生的说法，本书所研究的代际关系都属于代际的研究，但由于本书研究的是三代家庭，从三代家庭来看，可以分为两代间关系和三代间关系。同样是子代和孙代的关系，他们可能在不同经济、情感、劳务维度，有着不同的互动关系。在父子孙三代中，父代、子代间和子代、孙代间也会存在互动关系。三代家庭代际关系的内部互动十分复杂，而且从父代既有亲生父母也有岳父母或公婆、子代有受访者和配偶、孙代有4个孙代的情况，还有经济、情感、劳务三个维度，本书不可能将其所有的内部互动进行研究。基于本书的研究目的，结合相关理论，这里提出几个假设，后面用结构方程模型来验证。

第一个理论来源于经济学，经济学家贝克尔不仅提出家庭的"合作社"模式，还提出家庭时间分配理论（Gary Stanley Becker，1976）。他通过将家庭生产函数引入家庭决策，提出一个比较一般性的时间分配的理论框架。家庭将其支配时间用出卖劳动力家庭生产消费服务或物品，三种支配时间的方式是互相影响的。贝克尔主要用数理模型完成他的研究。本书将贝克尔的"时间分配理论"扩展到家庭代际关系领域，在此并不想完全照搬贝克尔的理论，而是利用贝克尔家庭时间分配理论的内涵。贝克尔的理论至少在两个方面给本书以启发：第一，时间是有限的，资源具有互斥性，例如，在家庭中，照顾亲生父母则不能同时照顾岳父母。第二，时间分配是人们有意识计算的过程，争取达到效益最优。

当然，理论是和实践联系在一起的。在家庭代际关系的分析中，发现在子代和孙代的情感交流方面有两个指标，一是和孩子见面的频率，二是通过电话、电子邮件等现代通信技术进行"身体缺席交往"或者称为联络。于是，笔者就思考见面和联络之间是什么关系，基于贝克尔时间利用价值最大化的理论，如果我们经常见面，交流足够充分，是不是"身体缺席"的联络就会相应减少？因此，这里提出假设1：在子代和孙代之间，情感交流中的见面和联络会产生挤压，见面多则联络少。

同样，基于贝克尔的时间互斥原则，子代作为"夹心层"的一代，上要照顾老人，下要帮助子女，但是子代的时间是有限的，每天只有24小时，那么子代的时间该如何分配呢？从前面章节的描述统计看出，子代给孙代劳务支持的时间要多于子代给父代的劳务支持时间，那么是不是子代给孙代的劳务支持挤占了子代给父代的劳务支持呢？因此，提出假设2：在劳务支持方面，子代照顾孙代子女的时间会影响到照顾父代的时间。

王跃生提出的代际和代内的观点，其中一个很鲜明的特点是强调血缘的重要性，其隐含之意是有血缘关系的要比没有血缘关系的更亲近。子代有两种类型的父母，一种是亲生父母，另一种是岳父母或公婆。亲生父母是有血缘关系的，而岳父母或公婆没有血缘关系。结合贝克尔的时间有限原则，是不是子代在照顾亲生父母和岳父母或公婆时有差异呢？会不会互相影响？这里提出假设3：在子代和父代之间的劳务支持方面，子代照顾亲生父母的时间会影响到照顾岳父母的时间。

"富二代""官二代"等词汇频频出现，这些词语所反映的一种社会认知是：子代对父代的地位继承性正在增强，父代是富人或者官员，子代成为富人或官员的可能性就大。从学术的角度看，这个现象概括为"阶层再生产"，即代际具有较高的阶层同一性、相似性。那么，是否在家庭代际关系方面也存在再生产呢？例如，当子女看到父母善待老人，他们当父母老了，也会善待父母呢？这其实和中国千百年来强调的弘扬孝道和传递家风有很大关系。所谓孝道文化，就是关爱父母长辈、尊老敬老的一种文化传统。孝道是中国古代社会的基本道德规范，一般指社会要求子女对父母应尽的义务，包括尊敬、关爱、赡养老人，为父母长辈养老送终等。"家风"又称门风，指的是家庭或家族世代相传的风尚、生活作风，即一个家庭当中的风气。家风是给家中后人树立的价值准则。孝道文化和家风实际上属于传统家庭文化的一部分，在社会转型的今天，这种关系还存在吗？因此，这里提出假设4：在父子孙三代间，子代对父代的经济支持会影响孙代对子代的经济支持。

下面分别对以上假设逐一验证。

二 情感交流方面的子代和孙代之间的互动

结构方程模型有一套严格的步骤和程序，本书考虑到要聚焦研究的主要目的和叙述的简洁性，只呈现最终的主要结果。做结构方程模型之前，要对变量进行信效度检验。信度（reliability）主要采用Cronbach在1951年提出的Cronbach's Alpha系数，实证结果显示Cronbach's Alpha系数为0.792，说明本书所使用数据具有较好的信度。效度（validity）指测量工具能够正确测量出所要测量的特质的程度，分为内容效度（content validity）、效标效度（criterion validity）和结构效度（construct validity）三个主要类型。模型的常用拟合指数结果通常可以看作效度的指标。

从常用拟合指数计算结果来看（见表7-2），结果显示χ^2是94.1，自由度是17，P值是0.000，表明整个模型拟合度很好；绝对拟合指数RMSEA小于0.05，相对拟合指数CFI、NFI、IFI都大于0.9，信息指数AIC、BCC的数值都较小，这表明整个模型的拟合度良好。

表7-2 子代和孙代情感交流结构方程模型常用拟合指数计算结果

拟合指数	χ^2（自由度）	CFI	NFI	IFI	RMSEA	AIC	BCC	EVCI
结果	94.1（17）	0.924	0.909	0.925	0.041	132.098	132.227	0.05

图7-1是子代和孙代情感交流结构方程模型,其中见面是潜变量,是由外显变量生产的变量,考虑到外显变量名称太长,放到结构方程图中太占空间,不太美观,这里用字母和数字代替,s1到s4分别是子代与4个孙代见面的情况。图的下半部分的潜变量是联络,是由外显变量c1—c4生成的,c1到c4分别是子代与4个孙代见面的情

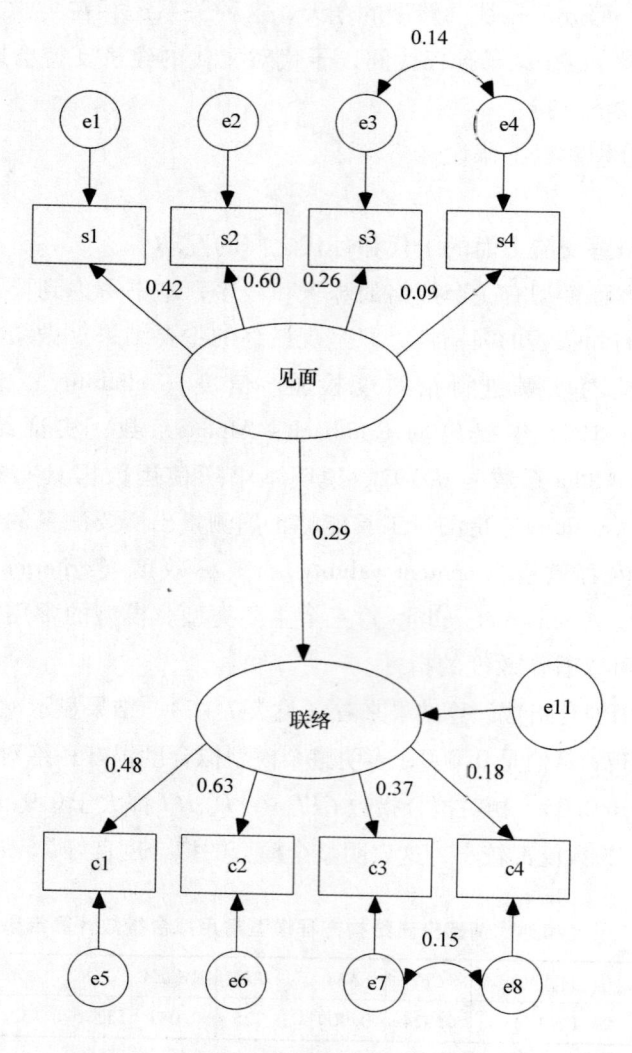

图7-1 子代和孙代情感交流结构方程模型

况。圆圈里面的 e1—e8 代表每个外显变量的残差，e11 代表潜在变量联络的残差。缺失值处理主要采用线性插补法。表 7-3 是子代和孙代情感交流结构方程模型系数估计结果，图和表要结合在一起看，图可以鲜明地表现两个潜在变量"见面"和"联络"之间的关系，而表则给出更多的信息，如未标准化路径系数估计和标准化路径系数估计，以及标准误和 P 值。图中给出的路径系数是标准化路径系数。可以看出，子代和孙代见面到子代和孙代联络的标准化路径系数是 0.287，则子代和孙代见面到子代和孙代联络的直接效应是 0.287。这说明当其他条件不变时，子代和孙代见面这个潜变量每提升 1 个单位，子代和孙代联络这个潜变量将直接提升 0.287 个单位。实证结果推翻了假设 1，在子代和孙代之间，情感交流中的见面和联络并未体现挤压效应，而是一种正向影响效应，表明子代和孙代见面显著正向影响子代和孙代联络。这可能与人与人之间的亲密程度有关系，可能的原因是，子代和孙代间见面越多越亲密，也越可能加强"身体缺席"交往的联络。结构方程模型还需要汇报残差方差估计的结果，其中有用信息有限，本节以及后面章节都没有汇报，将其放到附录中。

表 7-3　子代和孙代情感交流结构方程模型系数估计结果

			未标准化路径系数估计	标准误.	C. R.	P 值	标准化路径系数估计
联络	<---	见面	0.033	0.007	4.520	***	0.287
cd003_1__1	<---	见面	1.000				0.418
cd003_2__1	<---	见面	1.53	0.228	6.718	***	0.599
cd003_3__1	<---	见面	0.442	0.059	7.437	***	0.259
cd003_4__1	<---	见面	0.085	0.029	2.896	0.004	0.086
cd004_4__1	<---	联络	1.000				0.176
cd004_3__1	<---	联络	3.735	0.591	6.324	***	0.375
cd004_2__1	<---	联络	9.154	1.572	5.822	***	0.634
cd004_1__1	<---	联络	6.036	0.999	6.043	***	0.478

注：*** 代表 $p<0.001$。

三 父子孙劳务支持方面的互动

首先对纳入模型的变量做信效度检验，结果显示 Cronbach's Alpha 系数为 0.792，说明案例所使用数据具有较好的信度。模型的常用拟合指数计算结果可以看出本书研究具有较高的效度。

从表 7-4 常用拟合指数计算结果来看，结果显示 χ^2 是 732.236，自由度是 90，P 值是 0.000，表明整个模型拟合度很好；绝对拟合指数 RMSEA 等于 0.052，但相对拟合指数 CFI、NFI、IFI 都大于 0.9，信息指数 AIC、BCC 的数值都较小，表明整个模型的拟合度较好。

表 7-4 父子孙劳务支持结构方程模型常用拟合指数计算结果

拟合指数	χ^2（自由度）	CFI	NFI	IFI	RMSEA	AIC	BCC	EVCI
结果	732.236(90)	0.953	0.946	0.953	0.052	824.236	824.828	0.31

结合图 7-2 父子孙劳务支持结构方程模型和表 7-5 父子孙劳务支持结构方程模型系数估计结果，图的上半部分的潜变量是照顾孙子，外显变量 mcare1-mcare4 是受访者照顾 1 子代到 4 子代的孩子，scare1-scare4 是受访者配偶照顾 1 子代到 4 子代的孩子；下半部分的潜变量是照顾老人，mcaref、mcarem、mcareyf、mcareym 分别是受访者照顾亲生父亲、亲生母亲、岳父或公公、岳母或婆婆的情况，scaref、scarem、scareyf、scareym 分别是受访者配偶照顾亲生父亲、亲生母亲、岳父或公公、岳母或婆婆的情况。可以看出，子代照顾孙代孩子到子代照顾父代的标准化路径系数是 0.111，则子代和孙代见面到子代和孙代联络的直接效应是 0.111。这说明当其他条件不变时，子代照顾孙代孩子潜变量每提升 1 个单位，子代照顾父代潜变量将直接提升 0.111 个单位。这证明了假设 2：在父子孙三代间，子代照顾孙代孩子会显著影响子代照顾孙父代。但需要注意的是，这不是基于

贝克尔所提出的时间挤压式的影响，而是一种正向的影响。为什么会产生这样的结果呢？这需要回到我国传统的孝道上来考虑。孝道明确要求照顾老人和照顾孩子都是成年子代的责任，对于这两种责任，子代不可偏废。为什么子代给孙代劳务支持的时间要远多于子代给父代劳务支持的时间呢？这可能是因为父代比较有自己的意识，生活中能自理就自理，而孙代的孩子还处于较年幼的阶段，缺乏自理意识，需要投入大量精力去照看。

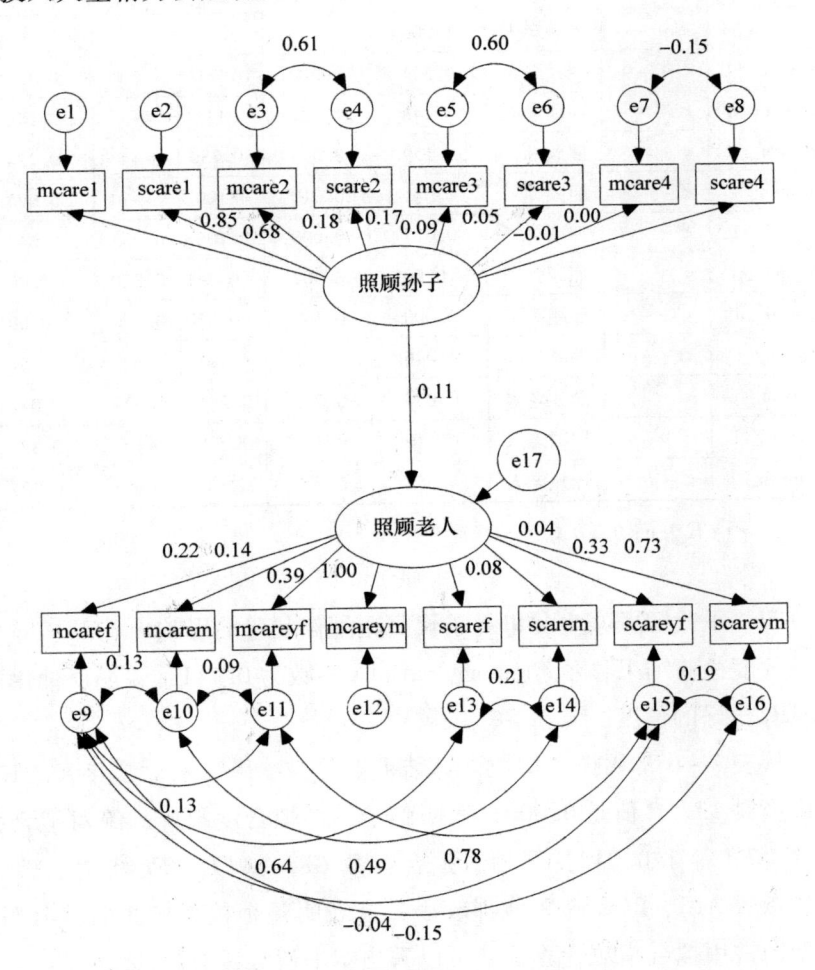

图 7-2　父子孙劳务支持结构方程模型

表 7-5　父子孙劳务支持结构方程模型系数估计结果

			未标准化路径系数估计	标准误	C.R.	P值	标准化路径系数估计
照顾老人	<---	照顾孙子	0.048	0.010	4.767	***	0.111
mcare1_1	<---	照顾孙子	1.000				0.848
scare1_1	<---	照顾孙子	0.743	0.076	9.796	***	0.676
mcare2_1	<---	照顾孙子	0.126	0.018	6.940	***	0.178
scare2_1	<---	照顾孙子	0.110	0.017	6.617	***	0.167
mcareym_1	<---	照顾老人	1.000				1.004
mcareyf_1	<---	照顾老人	0.311	0.019	16.407	***	0.387
mcarem_1	<---	照顾老人	0.148	0.021	7.132	***	0.142
mcaref_1	<---	照顾老人	0.159	0.015	10.750	***	0.224
mcare3_1	<---	照顾孙子	0.041	0.010	4.100	***	0.095
scare3_1	<---	照顾孙子	0.017	0.008	2.108	0.035	0.047
mcare4_1	<---	照顾孙子	-0.001	0.002	-0.241	0.810	-0.005
scare4_1	<---	照顾孙子	0.000	0.002	-0.050	0.960	-0.001
scaref_1	<---	照顾老人	0.046	0.011	4.184	***	0.082
scarem_1	<---	照顾老人	0.034	0.015	2.261	0.024	0.044
scareyf_1	<---	照顾老人	0.210	0.014	14.587	***	0.328
scareym_1	<---	照顾老人	0.657	0.029	22.919	***	0.727

注：*** 代表 $p < 0.001$。

四　子代照顾亲生父母对子代照顾配偶父母的影响

效度检验结果显示 Cronbach's Alpha 系数为 0.711，说明所使用数据具有较好的信度。

从表 7-6 常用拟合指数计算结果来看，结果显示 χ^2 是 500.712，自由度是 13，P 值是 0.000，表明整个模型拟合度很好；绝对拟合指数 *RMSEA* 等于 0.042，但相对拟合指数 *CFI*、*NFI*、*IFI* 都大于 0.9，信息指数 AIC、BCC 的数值都较小，这表明整个模型的拟合度较好。模型的常用拟合指数计算结果可以看出本书研究具有较高的效度。

表7-6　子代照顾父母和岳父母结构方程模型常用拟合指数计算结果

拟合指数	χ^2（自由度）	CFI	NFI	IFI	RMSEA	AIC	BCC	EVCI
结果	500.712（13）	0.949	0.948	0.949	0.042	546.712	546.869	0.206

图7-3是子代照顾父母和岳父母结构方程模型，其中上半部分的潜在变量是照顾岳父母，外显变量mcareyf、mcareym、scareyf、scareym分别代表受访者照顾配偶父亲、受访者照顾配偶母亲、受访者配偶照顾受访者父亲、受访者配偶照顾受访者母亲；图的下半部分的潜在变量是照顾父母，外显变量mcaref、mcarem、scaref、scarem分别代表受访者照顾自己父亲、受访者照顾自己母亲、受访者配偶照顾自己父亲、受访者配偶照顾自己母亲；从图7-3和表7-7可以看出，子代照顾亲生父母到子代照顾岳父母的标准化路径系数是0.152，则子代照顾亲生父母和子代照顾岳父母的直接效应是0.152。这说明当其他条件不变时，子代照顾亲生父母潜变量每提升1个单位，子代照顾岳父母潜变量将直接提升0.152个单位，这表明照顾亲生父母显著正向影响照顾岳父母或公婆。实证结果推翻了假设3。实际上，在子代照顾父代方面，并不因为血缘存在差异，愿意照顾亲生父母的同样也愿意照顾配偶父母。

表7-7　子代照顾父母和岳父母结构方程模型系数估计结果

			未标准化路径系数估计	标准误	C.R.	P值	标准化路径系数估计
照顾岳父母	<---	照顾父母	0.230	0.039	5.840	***	0.152
mcareyf_1	<---	照顾岳父母	1.000				1.032
mcareym_1	<---	照顾岳父母	0.445	0.026	16.967	***	0.371
scareyf_1	<---	照顾岳父母	0.607	0.022	27.983	***	0.782
scareym_1	<---	照顾岳父母	-0.151	0.087	-1.746	0.081	-0.139
scarem_1	<---	照顾父母	1.000				0.688
scaref_1	<---	照顾父母	0.650	0.073	8.885	***	0.616
mcarem_1	<---	照顾父母	0.664	0.076	8.684	***	0.345
mcaref_1	<---	照顾父母	1.462	0.067	21.969	***	1.110

注：***代表p<0.001。

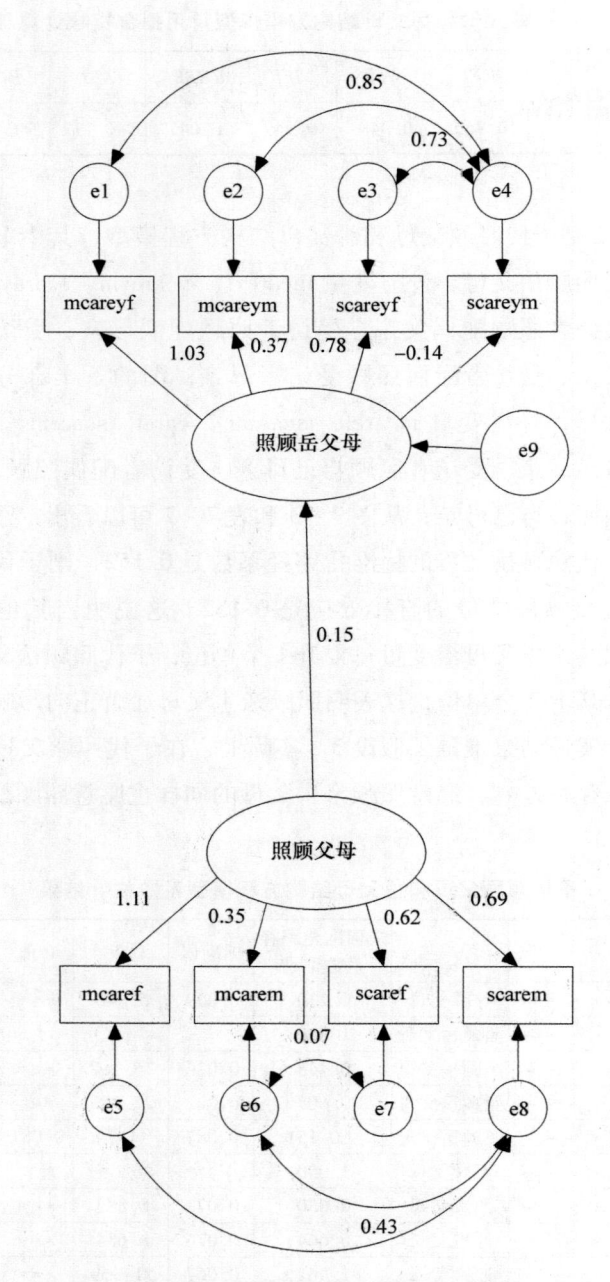

图 7-3 子代照顾父母和岳父母结构方程模型

五 经济支持的家庭代际关系再生产

首先对变量做信效度检验,结果显示 Cronbach's Alpha 系数为 0.705,说明案例所使用数据具有较好的信度。后面模型的常用拟合指数计算结果可以看出本书研究具有较高的效度。

从表 7-8 常用拟合指数计算结果来看,结果显示 χ^2 是 48.717,自由度是 7,P 值是 0.000,表明整个模型拟合度很好;绝对拟合指数 $RMSEA$ 等于 0.047,但相对拟合指数 CFI、NFI、IFI 都大于 0.9,信息指数 AIC、BCC 的数值都较小,这表明整个模型的拟合度较好。模型的常用拟合指数计算结果可以看出本书研究具有较高的效度。

表 7-8 父子孙三代经济支持结构方程模型常用拟合指数计算结果

拟合指数	χ^2（自由度）	CFI	NFI	IFI	RMSEA	AIC	BCC	EVCI
结果	48.717 (7)	0.914	0.903	0.916	0.047	76.717	76.791	0.029

图 7-4 是父子孙三代经济支持结构方程模型,图的上半部分的潜在变量是子代给父代经济支持,外显变量 z2f1、z2f2 分别代表子代给父亲的经济支持、子代给母亲的经济支持,图的下半部分的外显变量是孙代给子代的经济支持,外显变量 s2z1—s2z4 分别代表孙代给不同类型的子代的经济支持。结合图和表 7-9 的父子孙三代经济支持结构方程模型系数估计结果,可以看出,子代给父代经济支持到孙代给子代经济支持的标准化路径系数是 0.156,则子代给父代经济支持和孙代给子代经济支持的直接效应是 0.156。这说明当其他条件不变时,子代给父代经济支持潜变量每提升 1 个单位,孙代给子代经济支持潜变量将直接提升 0.156 个单位。这证明假设 4:在父子孙三代间,子代对父代的经济支持会影响孙代对子代的经济支持。

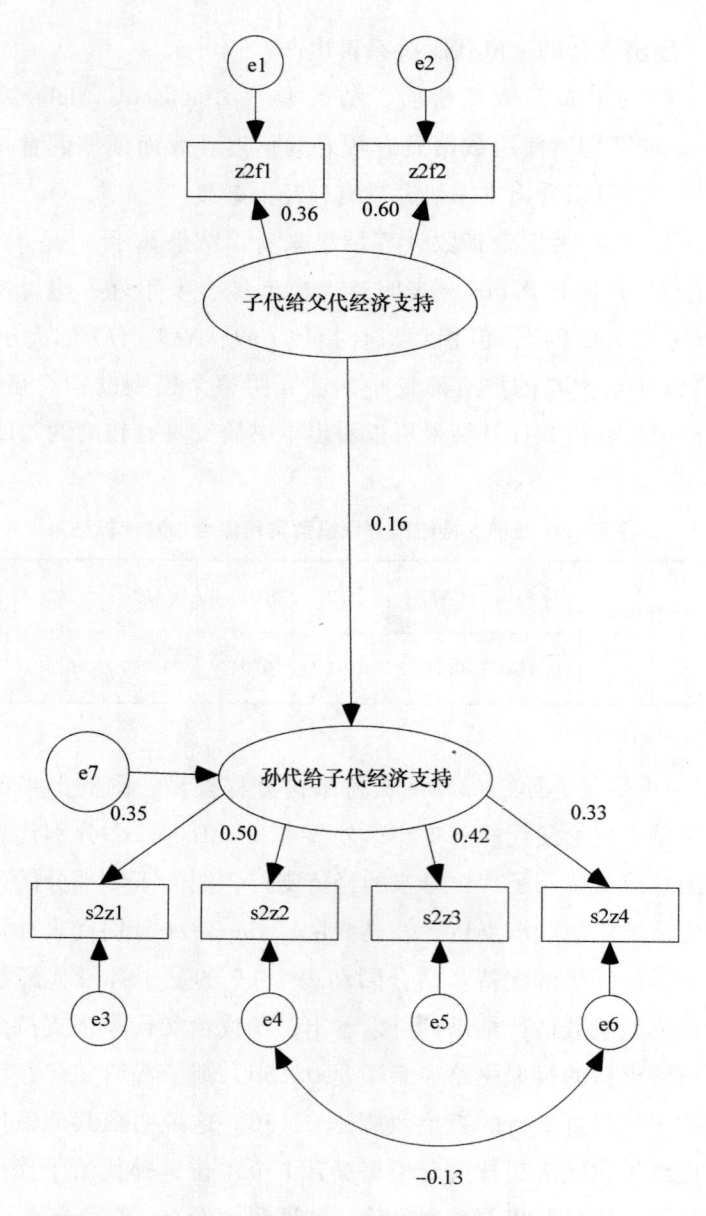

图 7-4 父子孙三代经济支持结构方程模型

表7-9　父子孙三代经济支持结构方程模型系数估计结果

			未标准化路径系数估计	标准误.	C.R.	P值	标准化路径系数估计
孙代给子代经济支持	<---	子代给父代经济支持	0.041	0.013	3.026	0.002	0.156
z2f1_1	<---	子代给父代经济支持	1.000				0.357
z2f2_1	<---	子代给父代经济支持	1.432	0.765	1.872	0.061	0.601
s2z4_1	<---	孙代给子代经济支持	11.000				0.331
s2z3_1	<---	孙代给子代经济支持	4.356	0.72	6.053	***	0.419
s2z2_1	<---	孙代给子代经济支持	11.159	1.473	7.574	***	0.496
s2z1_1	<---	孙代给子代经济支持	5.945	0.972	6.114	***	0.354

注：*** 代表 $p<0.001$。

子代给父代经济支持显著正向影响孙代给子代经济支持，这一方面体现了日常俗语所说的"上行下效"和"家长模范作用"，另一方面也体现了在三代家庭内部的一种家庭代际关系的再生产。这种家庭代际关系再生产也是家庭功能之一。正是由于这种家庭代际关系再生产功能的存在，中国的"孝道"和"家风"才能得以延续。这也是中国家庭区别于西方家庭的重要一面。

第三节　本章小结

在三代家庭代际关系的内部关系研究方面，结构方程模型能够将多个外显变量反映为一个潜在变量。利用结构方程模型的这种特性，本章探讨了三代家庭代际关系中的内部互动情况。根据贝克尔、王跃生等的研究以及中国传统文化提出假设并加以验证。实证结果表明，子代和孙代见面显著正向影响子代和孙代联络，这可能因为见面越多越亲，则联络也越多；子代照顾孙子显著正向影响子代照顾老人，可能因为照顾孙子和老人都是子代的责任，不可偏废；照顾亲生父母显著正向影响照顾岳父母或公婆，原因可能是子代愿意照顾自己亲生父母，同样也愿意照顾配偶父母；子代给父代经济支持显著正向影响孙代给子代的经济支持。

中国家庭代际关系在两代或三代之间，在情感交流、经济往来、劳务支持维度的互动，更多地呈现一种正向影响的互动，这有别于西方学者提出家庭是基于理性和计算的"合作社模型"（Becker，1991），而体现出中国传统文化中强调的"孝道"或者"家风和合"。这从一定程度上体现了中国虽然正在现代化转型，但在家庭代际关系方面仍然体现出传统性，也就是奥格本所谓的转型时期的"文化堕距"或"文化滞后"。这种"家风和合"为什么具有如此强的生命力？关键在于中国家庭不仅承担着人口再生产的功能，还具有很好的家庭代际关系再生产的功能。这在三代之间经济往来的互动中可见一斑。

第八章 三代家庭代际关系的潜类别分析

家庭代际关系是复杂的，需要多指标来体现。本书主要考虑经济往来、劳务支持和情感交流，但当谈论家庭代际关系的时候，我们分别谈三个维度是怎样的，很难让人有更加直观的认识，而且家庭代际关系的三个维度本身也有着密切的关系。运用类型学的方法来整合家庭代际关系的三个维度，有助于我们对家庭代际关系的深化了解。在类型学研究先驱马克斯·韦伯所处的时代，类型的划分主要依据研究者对社会事实的洞察力和强大的理论演绎能力。但是现代随着统计技术的发展，学者们更容易通过数理统计以实证的方式进行类型分析。从多个外显变量中得到潜在的类型，相比以往依靠学者个人能力和理论演绎更具有实证精神与说服力。

近些年，国内外也有一些研究者将类型分析方法应用于中国家庭代际关系的研究。郭漫等（Guo et al.，2012）发现，中国农村家庭的代际关系有五种类型，分别是：（1）紧密型（tight-knit）；（2）近距离但是不和谐型（nearby but discordant）；（3）远距离且不和谐型（distant discordant）；（4）远距离且互惠型（distant reciprocal）；（5）远距离且向上型（distant ascending）。远距离且向上型，表明了中国成年子女对于父母强烈的孝顺责任，远距离且互惠型则表明在大规模城乡迁移的背景下中国农村亲子关系的合作性和互惠性。西安交通大学的崔烨和靳小怡（2015）也尝试将类型分析应用到家庭研究，主要关注农民工家庭，使用的是在深圳市开展的农民工调查数据。她们研究发现，农民工家庭中存在着紧密型、远但亲近型、近但有间型与疏离型四种代际关系类型，其中最具传统大家庭特征和强凝聚力的紧密型关系，仍是农民工家庭中最普遍的关系类型。马春华（2016）使用中国五个城市的调查数据对城市居民家庭代际关系进行了研究，她认为中国城市家庭代际关系存在五种潜在类别："亲密且互惠型""亲密有距型""实用主义型""情感型"和"疏离型"。超过一半的个案属于"亲密且互惠型"，说明城市家庭代际凝聚力依然强大；但是"实用主义型"和"疏离型"代际关系的出现，不仅说明城市家庭代际关系多样化的趋势，而且说明中国城市出现了不建立在情感基础上的代际关系。以上学者分别研究了农村和城市或者农民工的家庭代际关系，主要运用地方性数据，缺乏对中国家庭代际关系的整体概括，并且这些学者都是研究两代人之间的家庭代际关系，而现实当中三代家庭居多，它更符合中国家庭的真实情况，因此，研究三代家庭的代际关系则更有意义。本章在前面学者的基础上力图有所拓展，一是关注整个中国的家庭代际关系采用的是全国性数据，试图对整个中国家庭代际关系的分类做探索性的研究；二是主要研究父子孙三代的家庭代际关系，这更符合现实中的家庭代际关系，并且考虑到不同代别间的家庭代际关系的差异。考虑到数据的完整性，本章使用的是CHARLS 2013年的数据，依然采用潜类别分析的方法，使用的是做潜类别分析的常用软件Mplus 7.2，mlogit回归使用的软件是stata15。

第一节　潜类别分析模型介绍

潜类别分析就是通过潜在类别模型这一统计模型用潜在的类别变量来解释外显的类别变量之间的关联，使外显变量之间的关系通过潜在类别变量 X 来估计，进而维持其外显变量之间的局部独立性。潜在类别分析的基本假设是，对各外显变量各种反应的概率分布可以由少数互斥的潜在类别变量来解释,每种类别对各外显变量的反应选择都有特定的倾向。在统计学中,潜在类模型将一组观察到的(通常是离散的)多变量与一组潜变量相关联。它是一种潜在变量模型,被称为潜在类模型,因为潜变量是离散的。一个类的特征是一个条件概率模式,表明变量具有某些值的机会。潜类别分析是结构方程模型的一个子集,用于在多元分类数据中查找病例组或亚型。这些亚型被称为"潜类"。潜在类(LC)分析最初由 Lazarsfeld(1950)引入,作为解释涉及二分类项目的调查反应模式中的响应异质性的一种方式。在20世纪70年代,由 Goodman(1974)开发的最大似然算法作为 Latent GOLD 程序的基础,LC 方法被形式化并扩展到名义变量。在潜类别分类模型发展的同一时期,通过 Day(1969)、Wolfe(1965)等人的工作,开始出现多变量正态分布的有限混合(FM)模型。FM 模型试图分离出"混合"的数据,假定这些数据是由有限数量的明显不同的人群混合而成的。近年来,LC 和 FM 建模领域已经走到一起,LC 模型和 FM 模型已经互相交换。LC 模型现在指的是任何统计模型,其中一些参数在不可观察的子群中有所不同(Vermunt and Magidson,2003)。本书主要是用潜在类型分析模型看中国三代家庭的代际关系分类情况。

潜变量主要是指无法直接测量的变量,必须以统计方法来估计出变量的状态。一般收集的研究资料,都是可以直接测量观察的变量数据,因此称为显变量或观测变量。其中,我们最为熟悉的潜变量模型为因子分析模型,还有潜类别分析、潜在剖面分析等。本章主要使用潜类别分析模型。潜在类别模型分析过程包括模型参数化、参数估计、模型识别、拟合优度评价、潜在分类与结果解释等。

(一)概率参数化

LCM 的概率参数化包括两种类型的参数:潜在类别概率和条件概率。假设有 A、B、C 三个显变量,分别具有 I、J、K 个水平,彼此之间不相互独立。若存在一个具有 T 个潜类别的潜变量 X,其不仅可以解释 A、B、C 三者间的关系，且在 X 的每个类别中，能够维持 A、B、C 三个显变量的局部独立性，即为潜在类别分析，其数学模型为（见公式 8-1）：

$$\pi_{ijk}^{ABC} = \sum_{t=1}^{T} \pi_t^X \pi_{it}^{\bar{A}X} \pi_{jt}^{\bar{B}X} \pi_{kt}^{\bar{C}X} \qquad (8-1)$$

公式 8-1 表示一个潜在类别模型的联合概率和潜在类别概率，它表示当观察变量局部独立时，潜变量 X 在第 t 个水平的概率，即从样本中随机选取的观察对了属于潜在类别 t 的概率。比重较大的潜在类比表示在潜变量中具有较重要的地位。

（二）参数估计与模型拟合

潜在类别模型主要采用极大似然法（Maximum Likelihood，ML）进行参数估计，其迭代过程常用的算法包括 EM（Expectation-Maximization）、NR（Newton Rapson）等算法。其中，EM 算法最为常用。

模型适配检验方法主要有 Pearson 检验、似然比卡方检验以及信息评价指标（Information Evaluation Criteria）。其中，AIC 准则（Akaike Information Criterion）和 BIC 准则（Bayesian Information Criteria）是 LCM 选择中使用最为广泛的信息评价指标，其均建立于似然比卡方检验基础之上，可用于比较对参数进行不同限制的模型。两者均以越小表明适配度越好，当样本量以千计时，BIC 指标更可靠，否则 AIC 更佳。

（三）潜在分类

在确定最优模型以后，最后一步就是将各个观测值分配到适当的潜在类别中，来说明观察值的后验类别属性，即潜在聚类分析。分类依据的是贝叶斯理论，分类概率的计算公式如下（见公式 8-2）：

$$\hat{\pi}_{ijkt}^{\bar{X}ABC} = \frac{\hat{\pi}_{ijkt}^{ABCX}}{\sum_{t=1}^{T} \hat{\pi}_{ijkt}^{ABCX}} \qquad (8-2)$$

在潜在类型分析中，常用的拟合信息有艾凯克信息准则（AIC）和贝叶斯信息准则（BIC）、罗梦戴尔鲁本校似然比（LMRT）、信息熵（Entropy）等。一般来说，一个模型如果有更高的 Entropy、更低的 AIC 和 BIC、LMRT 达到显著性，则说明这个模型的拟合程度高（张洁婷等，2009）。

第二节 外显变量的处理和描述性统计

由于本书三代家庭的代际关系从经济往来、劳务支持和情感交流三个维度出发，每个维度下面又分为若干指标，其中情感交流分为看望父代、与孙代见面、与孙代联络，经济往来包括父子孙三代之间互相的经济支持，劳务支持包括子代对孙代、子代对父代的劳务支持。各个指标还有若干变量来表示，例如，看望父代，分为看望受访者的亲生父母还是岳父母或公公婆婆。潜在类别分析的变量主要是二分类变量，所以这里需要把三代家庭代际关系的变量处理为二分变量。

首先，处理情感交流维度。情感交流维度是定序变量，情感交流的子代看望父代又分为看望受访者的亲生父母、看望受访者的岳父母或者公公婆婆，这里将看望父代处理为二分变量。如果受访者或受访者配偶看望过父代的任何一人（无论是亲生父母还是岳父母或公公婆婆），则视为已经看望过。这里需要注意的是，本问题主要是提问没有和父代住在一起的子代，也就是说跳过家户成员。在与孙代见面或联络上，本书主要考虑了四个孙代的情况，如果子代和任何一个孙代见面，则视为与孙代见面。同理，如果子代和任何一个孙代联络，则视为与孙代联络。这里也需要注意，主要提问的是没有和孙代住在一起的子代，如果是家户成员则跳过。

其次，经济往来。经济往来主要用金钱来衡量，是定比变量，但是前面章节的研究中也发现存在一定比例没有经济往来的情况。例如，父代就有较大比例没有给子代经济支持。所以，这里将经济往来处理为二分变量。如果父代对子代有任何1元以上的经济支持，则视为有经济支持，否则视为无。在经济往来这个维度上，为了考察"往来"这个概念，分成四组，分别是父代对子代经济支持、子代对父代经济支持、孙代对子代经济支持、子代对孙代经济支持，划分二分变量的方法如上。

最后，劳务支持。劳务支持的单位是小时，也属于定比变量。在如何划分二分变量上，笔者颇费思量。因为就子代对父代的照顾来看，中国这种孝道文化或者舆论左右，子代照顾父代的比例非常高。但是为了和前面的划分方式进行统一，子代照顾孙代孩子就等于子代对孙代的劳务支持。这里设定只要是子代照顾了孙代的任何一个孩子在 1 小时以上就算子代对孙代有劳务支持。同理，子代照顾父代等于子代对父代的劳务支持，这里设定只要子代中的任何一个人给父代的任何一人提供了 1 小时以上的照顾，就算子代对父代有劳务支持，否则就算没有劳务支持。

从表 8-1 中各维度所有变量的二分类描述性统计情况来看，在情感交流方面，子代无论看望父代还是与孙代见面或者联络占比都在一半以上，三个变量中，看望父代比例最高，与孙代联络的比例最低。在经济往来方面，这四个变量很好地体现出父子孙三代往来的关系，其中父代给子代经济支持的比例极低，仅有 7.37%，但与此相反，子代给予父代经济支持的比例比较高，占比达到 72.96%，是父代给予子代经济支持比例的近十倍。子代和孙代的经济往来则相差不大，子代给予孙代经济支持的比例为 45.62%，而孙代给予子代经济支持的比例为 45.02%，在子代和孙代间体现了良好的互惠关系。在劳务支持方面，子代对父代提供劳务支持的比例接近 100%，这大概是因为中国的孝道文化，并且当受访者被问到"你是否照顾您或您配偶的父母"时，受访者不好意思回答不照顾。而子代在给孙代提供劳务支持时，可能由于各种原因不一定能提供，并且随着城市居住空间的缩小，代际居住的隔离，人们养育观念的变化，很多"80后""90后"年轻人不再要求父母帮忙照顾孩子，有经济能力的家庭也会采用雇佣保姆等形式养育子女。

表 8-1　三代家庭代际关系各个维度二分类处理的描述性统计

维度	个案数	比例（%）
情感交流		
看望父代		
否	632	23.77
是	2027	76.23
与孙代见面		
否	826	31.06
是	1833	68.94
与孙代联络		
否	1234	46.41
是	1425	53.59
经济往来		
父代对子代经济支持		
否	2463	92.63
是	196	7.37
子代对父代经济支持		
否	719	27.04
是	1940	72.96
孙代对子代经济支持		
否	1462	54.98
是	1197	45.02
子代对孙代经济支持		
否	1446	54.38
是	1213	45.62
劳务支持		
子代对孙代的劳务支持		
否	1662	62.5
是	997	37.5
子代对父代的劳务支持		
否	3	0.11
是	2656	99.89

第三节 三代家庭代际关系的潜类别分析

在分析中国城市家庭的代际关系类型时，本书采用探索性潜在类别分析，对于潜在类别的数量和性质没有任何假设。最佳模型是根据下面模型适配指标来选择的：似然比卡方检验指标（the Likelihood Ratio Chi-square Test Statistics）、贝叶斯非正式指标 BIC（Baysian Informal Criterion）和修正过的贝叶斯非正式指标 ABIC（Adjusted Baysian Informal Criterion）。似然比卡方检验指标是检验理论模型和观察数据之间在统计上是否存在显著差异；BIC 常常用来在都合理的模型中选择最为合适的，特别是在大样本的时候；ABIC 是根据抽样规模大小修正后贝叶斯非正式指标，也用来选择合适的模型。这几个指标的数值越小，模型对于数据的适配状况越好（邱皓政，2008）。同时，我们使用 entropy 指标测量根据观察数据获得的潜在类别模型能够在多大程度上预测个案所属的类别。这个指标越接近1，预测效果会越好（林如萍，2014）。

表8-2是三代家庭代际关系8个潜在类别模型指标适配摘要。为什么要做8个潜在类型的预测模型？因为原则上潜类别的个数要小于外显变量的个数，外显变量是9个，所以这里做了8个潜类别的预测模型。第一个模型是单一类别模型或者独立模型，它假定9个观察变量之间不存在任何关系。很明显，根据上面提及的几个指标，这个模型对于数据适配的情况很差，两个类别对于数据的拟合状况也不佳。因为这次分析所采用的数据样本规模超过2000，因此 BIC 成为判断模型优劣的最重要指标（邱皓政，2008）。根据 BIC 三个类别和四个类别的比较接近，但四个类别的 ABIC 要优于三个类别，而且似然比卡方检验指标的四个类别也低于三个类别，再参考 entropy，三个类别的是0.991，四个类别的是0.995，四个类别的要高于三个类别的，说明四个类别的模型对数据的适配程度更佳。因此，我们选择四

个类别模型作为对数据拟合最优的模型。为了给四个类别模型的每个潜在类别定义，需要检查每个类别中观察变量的条件概率。根据这些条件概率，对于每个潜在类别给出标签，归纳特征。

表8-2　　中国三代家庭代际关系潜类别模型适配指标摘要

模型	Likelihood Ratio Chi-Square	df	AIC	BIC	ABIC	P-Value	Entropy
1	6553.511	502	25295.35	25348.33	25319.73	0.0000	
2	1256.735	490	20039.13	20150.96	20090.59	0.0000	0.993
3	213.520	480	19019.62	19190.31	19098.16	0.0000	0.991
4	175.941	471	18991.98	19221.52	19097.60	0.0000	0.995
5	141.713	460	18986.51	19274.91	19119.23	0.0000	0.996
6	139.737	452	18981.58	19328.84	19141.38	0.0000	0.915
7	123.466	442	18985.31	19391.42	19172.19	0.0000	0.935
8	112.091	432	18993.93	19458.90	19207.90	0.0000	0.845

既然已经确定为四个类别，那么如何给这四个类别命名呢？要看三代家庭代际关系四个潜在类别模型的条件概率（见表8-3）。在情感交流方面，在看望父代方面，选择最多的是第四类，其次是第一类，最少的是第二类；与孙代见面选择最多的是第二类，其次是第四类，最少的是第三类；与孙代联络选择最多的是第二类，其次是第二类，最少的是第三类。在此可以看出，第四类整体上都比较高，可以暂时命名为三代亲密型；其次是与孙代见面、联络，第二类都高，可以暂时命名为与孙代亲密型。继续看经济往来，在这四项中，第四类都比较高，基本上可以确定第四类为三代亲密型。第二类这四项也相对较高，可以暂时命名为亲密重视孙代型。而第一类在子代对父代的经济支持中，除了第四类是最高的，结合上面看望父代，第二类也是排名第二的，可以暂时命名为疏离重视父代型。第三类最鲜明的是子代对孙代的经济支持选择的为零，可以暂将第三类命名为疏离忽视

表8-3 三代家庭代际关系四个潜在类别模型的条件概率

外显变量	疏离重视父代型	亲密重视孙代型	疏离忽视孙代型	三代亲密型
情感交流				
看望父代				
否	0.204	0.362	0.277	0.184
是	0.796	0.638	0.723	0.816
与孙代见面				
否	0.005	0.000	1.000	0.002
是	0.995	1.000	0.000	0.998
与孙代联络				
否	0.292	0.168	1.000	0.199
是	0.708	0.832	0.000	0.801
经济往来				
父代对子代经济支持				
否	0.963	0.905	0.916	0.918
是	0.037	0.095	0.084	0.082
子代对父代经济支持				
否	0.274	1.000	0.304	0.000
是	0.726	0.000	0.696	1.000
孙代对子代经济支持				
否	1.000	0.049	1.000	0.024
是	0.000	0.951	0.000	0.976
子代对孙代经济支持				
否	0.997	0.028	1.000	0.015
是	0.003	0.972	0.000	0.985
劳务支持				
子代对孙代的劳务支持				
否	0.645	0.533	0.769	0.515
是	0.355	0.467	0.231	0.485
子代对父代的劳务支持				
否	0.005	0.000	0.000	0.000
是	0.995	1.000	1.000	1.000

孙代型。最后看劳务支持，实际上子代对父代的劳务支持都差不多。但是第三类子代对孙代的劳务支持是最差的，所以可以确定第三类为疏离忽视孙代型，第二类确定为疏离重视父代型。

表8-4是四种类型的个案数、所占比例、种类命名和解释，可以看出，第四类三代亲密型是最多的，占比达到35%，这也验证了中国孝道"亲亲和合"还是占主流的。出人意料的是疏离忽视孙代型占比31%，这和很多学者的"眼泪往下流""代际倾斜"不相符。事实上，这可以从年龄的角度来解释。在三代家庭的基本概况中，已经说明这时候的孙代是"80后""90后"，刚刚成家立业，开始独立生活。这种忽视孙代主要体现在经济往来上，可能这时孙代最需要的是子代帮助买房子等大笔金钱的赞助，在日常生活中已经基本上自给自足。而且，由于孙代的独立，和子代的联络也相应地减少，劳务支持也不是特别多，所以形成占有一定比例的疏离忽视孙代型。疏离重视父代型占比23%，体现了中国传统文化中的"家庭养老"的习俗，即便整体上关系再疏离，但还是要经常看望父母、给父母金钱、照顾父母。

表8-4　三代家庭代际关系潜在类别定义及概率

类别	个案数	比例（%）	种类命名	解释
1	602	23	疏离重视父代型	父子孙三代之间的情感交流、经济往来、劳务支持方面比较疏离，但是在看望父代和子代给父代经济支持方面，高于其他三类，所以将其命名为疏离重视父代型
2	304	11	亲密重视孙代型	父子孙三代之间的情感交流、经济往来、劳务支持方面比较亲密，尤其是与孙代见面、与孙代联络高于其他三类，在子代对孙代的经济支持、子代对孙代的劳务支持方面仅次于三代亲密性，所以将其命名为亲密重视孙代型
3	822	31	疏离忽视孙代型	父子孙三代之间的情感交流、经济往来、劳务支持方面整体上疏离，尤其在与孙代见面、与孙代联络、子代对孙代经济支持、子代对孙代劳务支持均为四个类别中最低，所以命名为疏离忽视孙代型
4	931	35	三代亲密型	父子孙三代在情感交流、经济往来、劳务支付方面整体高于其他三类，所以命名为三代亲密型

这是一种植根于血液的道德约束，很难改变。亲密重视孙代型占比11%，占比不多，但是想见社会上经常发生的"巨婴"现象，这里也可对其做个注脚。

图 8-1 可以更清楚地看到三代家庭代际关系潜类别分析各变量在不同维度的分布，其中分布比例最高的是三代亲密型，涵盖了各个变量，说明它的占比最高；其次是亲密重视孙代型；再次是疏离重视父代型；最后是疏离忽视孙代型，这一类型只有四种变量组成，也就是说，这一种类型主要由子代对父代劳务支持、子代对孙代劳务支持、子代对父代经济支持和看望父代所决定。

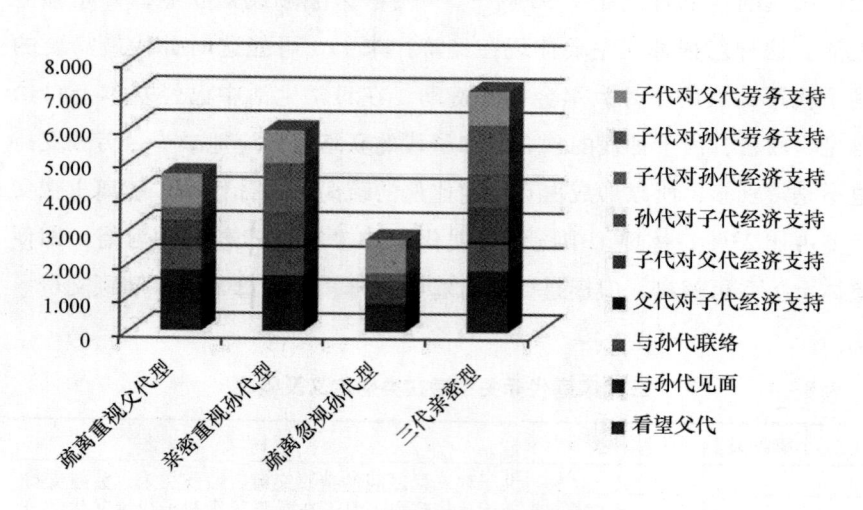

图 8-1　三代家庭代际关系潜类别分析各变量分布

第四节　潜类别的影响因素

前面已经将三代家庭代际关系分为四个潜在类别，但是什么因素影响了三代家庭代际关系成为如此的家庭代际关系类别，这就需要在潜类别模型的基础上进行回归分析。因为因变量是四个潜在类别，所以这里使用 mlogit 模型，也被称为多项式或多分类模型。这个研究的参照变量是类别4：三代亲密型。事实上，影响家庭代际关系的因素很多，就代际而言，父代的情况和孙代的情况都影响代际关系，还有各种各样的社会事实，如地区风俗等，也影响代际关系的潜在类别。但是正如本书所强调的总体史观，现有文献站在父代角度研究影响因素的较多，但是从子代角度来看的确很少，尤其是三代家庭中的子代。另外，这里选择户口、家庭相对生活水平、性别、年龄、受教育水平、自评健康等变量，也是从制度、家庭、个人三个角度出发来研究。遗憾的是，问卷中有关宏观制度因素的变量设置太少，所以未能纳入更多的宏观制度因素。而家庭自评生活水平是代表家庭的一个较为综合的指标。回归模型结果见表8-5，这里可以从不同的变量分布来看。

从性别来看，模型1和模型2都不显著，只有模型3显著，模型3的Odds ratio的值是1.246。在mlogit模型中，Odds ratio的值大于1代表越有可能不成为参照变量，小于1代表越有可能成为参照变量。模型3的结果反映出，相对于男性，女性更容易成为疏离忽视孙代型。

从年龄上看，模型1显著且Odds ratio的值为0.541，小于1，这反映出相对于年龄在50岁及以下，年龄在50岁以上的越不可能成为疏离重视父代型；模型2不显著；模型3显著且Odds ratio的值为0.258，小于1，这反映出相对于年龄在50岁及以下，年龄在50岁以上的越不可能成为疏离忽视孙代型。

从户口来看，模型1显著且Odds ratio的值为2.022，大于1，这反映出相对于农业户口，非农户口越可能成为疏离重视父代型，模型2不显著；模型3显著且Odds ratio的值为3.247，大于1，这反映出相对于农业户口，非农户口成为疏离忽视孙代型的可能性更高。

从受教育水平看，大专及以下的模型2显著，且Odds ratio的值为0.221，小于1，这反映出相对于小学及以下，大专及以上越不可能成为亲密重视孙代型。而在模型3中，初中和大专及以上学历显著且 Odds ratio 的值大于 1，这表明随着学历增高，成为疏离重视父代型的可能性高。

表 8-5　　三代家庭代际关系潜类别的影响因素

变量	(1) 类型1vs类型4 Odds ratio	(2) 类型2vs类型4 Odds ratio	(3) 类型3vs类型4 Odds ratio
女性（参照组：男性）	1.224	0.899	1.246*
	(0.139)	(0.126)	(0.136)
年龄组（参照组：50岁以下）	0.541***	1.297	0.258***
	(0.0678)	(0.236)	(0.0298)
户口（参照组：农业户口）	2.022***	1.423	3.247***
	(0.330)	(0.312)	(0.487)
初中（参照组：小学及以下）	1.274	0.915	1.508***
	(0.165)	(0.148)	(0.188)
高中	0.986	0.703	1.258
	(0.166)	(0.151)	(0.201)
大专及以上	1.220	0.221*	1.756*
	(0.360)	(0.141)	(0.468)
健康一般（参照组：健康差）	1.011	0.681*	1.143
	(0.139)	(0.109)	(0.153)
健康好	1.371	0.912	1.477*
	(0.223)	(0.179)	(0.234)
生活水平一般（参照组：生活水平差）	0.899	0.690*	0.673***
	(0.108)	(0.100)	(0.0767)
生活水平好	0.608*	0.597	0.565**
	(0.146)	(0.181)	(0.123)
截距	0.748	0.468**	1.360
	(0.141)	(0.111)	(0.240)
样本数	2567	2567	2567
Pseudo R-squared	0.0566	0.0566	0.0566

注：1. 括号里是稳健标准误；2. *** 表示 $p<0.001$，** 表示 $p<0.01$，* 表示 $p<0.05$。

从自评健康看，健康一般的模型2显著且odds ratio的值小于1，这表明自评健康一般的相对于自评健康差的成为亲密重视孙代型的可能性低；自评健康好的模型3显著odds ratio的值小于1，这表明相对于自评健康差的，自评健康好的成为疏离重视父代型的可能性越高。

从自评生活水平看，模型的显著性和odds ratio的值表明，自评生活水平为好的相对于自评生活水平为差的成为疏离忽视孙代型的可能性低，自评生活水平为一般的相对于自评生活水平为差的成为亲密重视孙代型的可能性低。自评生活一般和好的模型3均显著且odds ratio都小于1并呈现降低的趋势，这反映出生活水平越高，越不易成为疏离忽视孙代型。

第五节 本章小结

本章尝试运用潜类别分析的方法对三代家庭代际关系的整体状况做一个类型学分析。数据分析的结果表明，三代家庭代际关系可以分为四类，分别是疏离重视父代型、亲密重视孙代型、疏离忽视孙代型、三代亲密型。其中，第四类三代亲密型是最多的，占比达到35%，这也验证了中国孝道"亲亲和合"还是占主流的，但是疏离忽视孙代型占比31%，可能是由于孙代的独立，和子代的联络也相应地减少，劳务支持也不是特别多，所以形成占有一定比例的疏离忽视孙代型。疏离重视父代型占比23%，体现了中国传统文化中的"子女家庭养老"的习俗，即便整体上关系再疏离，但还是要经常看望父母、给父母金钱、照顾父母。亲密重视孙代型最少，占比11%。从分布比例来看，最高的是三代亲密型，其次是亲密重视孙代型，再次是疏离重视父代型，最后是疏离忽视孙代型。

在三代家庭代际关系的影响因素方面，从性别上看，女性更容易成为疏离忽视孙代型；从年龄上看，年龄越大，越不可能成为疏离重视父代型、疏离忽视孙代型；从户口来看，非农户口成为疏离重视父代型、疏离忽视孙代型可能性更高；从教育水平看，大专及以上成为亲密重视孙代型的可能性低。随着学历增高，成为疏离重视父代型的可能性高；从自评健康看，一般的成为亲密重视孙代型的可能性低，好的成为疏离重视父代型的可能性越高。自评生活水平为好的成为疏离忽视孙代型的可能性低，一般的成为亲密重视孙代型的可能性低，生活水平越高，越不易成为疏离忽视孙代型。整体来看，从制度、家庭、个人三个角度出发，户口、家庭相对生活水平、性别、年龄、受教育水平、自评健康等变量，都对三代家庭代际关系潜在类别有着不同程度的影响。这反映出三代家庭代际关系的潜在类型是宏观、中观、微观多元型塑的结果。

第九章　三代家庭代际关系的影响因素

前面章节介绍了三代家庭的基本状况、家庭代际关系的变化、三代家庭代际关系内部的互动情况和三代家庭代际关系的潜在分类。虽然根据总体史观更加强调客观性描述，但是大多数文章在探讨家庭代际关系时都需要探讨家庭代际关系的影响因素。事实上，影响家庭代际关系的因素很多，有宏观因素如经济发展水平、政策法规的变化等，也有个人的因素，如个人的身体状况、道德水平、宗教信仰等。研究三代家庭代际关系的影响因素则更为复杂，因为父子孙三代人都可能影响到代际关系，如果铺陈开来写，会使整本书失于聚焦。本书研究的初衷是站在中间这代人——子代的角度来思考三代的家庭代际关系，因为子代是属于三明治中夹心的那一层，上有老人需要照料，下有孩子需要关怀，那么子代的特征是如何影响家庭代际关系的，便显得重要。而且，以往的研究主要从年老的父代出发探讨家庭代际关系的影响因素，这里也算是一个拓展。正如本书一直强调的要探讨结构性要素在三代家庭代际关系中的作用，所以这里研究三代家庭代际关系的影响因素是从制度、家庭、个人三个角度出发。制度主要是考察户籍制度，家庭因素主要考察自评生活水平，个人因素既包括基本的人口学变量如性别、年龄，也包括代表地位的受教育水平，还有自评健康的因素。限于问卷问题设置未能考察更多的宏观因素的影响，但整体上说，这些因素已经相对全面。考虑到数据的完整性，本章使用的是 CHARLS 2013 年的数据，主要采用描述性统计和 logistic 回归模型，模型分析使用的软件是 stata 15。

第一节 户籍制度对三代家庭代际关系的影响

户籍制度是具有中国特色的制度，长期以来，城乡二元结构体系影响到中国社会生活的方方面面，所以做社会科学研究，一般要考虑户籍制度或者城乡差异在研究中的作用。在社会科学研究中，户籍制度是颇为重要的宏观制度政策的代表性因素，所以本书将户籍作为家庭代际关系的首要分析因素。虽然中国进入流动性社会（洪大用，2017），户籍制度的束缚不像以往那么强烈，但是对于本书研究的子代而言，他们处于 40—60 岁，虽然有一部分户籍在农村的人在城市中工作，但是随着年龄的增大，他们又重新回到农村。所以，这里子代的户籍从一定程度上能体现他们所居住的地理空间是在城市还是农村，也暗含地理空间对家庭代际关系的影响。在问卷中，询问户籍状况分为了农业户口、非农业户口、统一居民户口，本书将非农业户口和统一居民户口合并为非农业户口，统计结果显示，在 2567 个样本中，农业户口有 2028 个，占比为 79%；非农业户口有 539 个，占比为 21%。

首先看一下表 9-1 中户籍在家庭代际关系不同维度的描述性统计。根据卡方检验的结果，在情感交流方面，子代看望父代并没有显著城乡差异，在子代与孙代见面、子代与孙代联络方面体现了显著的城乡差异。其中，在选择是的方面，农村户籍的子代与孙代见面占比是 73.70%，城市户籍的是 51.08%，农村户籍的比非农户籍的比例高约 22%；子代与孙代联络方面，农村户籍的是 59.65%，非农户籍的是 31%，农村户籍比非农户籍高近 28%。在经济往来方面，父代对子代的经济支持，农村户籍要显著低于非农户籍；而在孙代对子代的经济支持和子代对孙代的经济支持方面，农村户籍的要显著高于城市

表9-1 户口和家庭代际关系变量的列联表 （单位：%）

维度	农业户口	非农业户口	显著性检验
情感交流			
看望父代			
否	23.44	24.91	Pearson chi2（1）= 0.5265
是	76.56	75.09	Pr = 0.468
与孙代见面			
否	26.30	48.92	Pearson chi2（1）= 105.4128
是	73.70	51.08	Pr = 0.000
与孙代联络			
否	40.35	69	Pearson chi2（1）= 145.4373
是	59.65	31	Pr = 0.000
经济往来			
父代对子代经济支持			
否	93.47	89.43	Pearson chi2（1）= 10.5643
是	6.53	10.57	Pr = 0.001
子代对父代经济支持			
否	26.87	27.78	Pearson chi2（1）= 0.1841
是	73.13	72.22	Pr = 0.668
孙代对子代经济支持			
否	48.59	69.89	Pearson chi2（1）= 80.2835
是	51.41	30.11	Pr = 0.000
子代对孙代经济支持			
否	49.55	72.58	Pearson chi2（1）= 94.2709
是	50.45	27.42	Pr = 0.000
劳务支持			
子代对孙代的劳务支持			
否	59.46	74.01	Pearson chi2（1）= 39.8639
是	40.54	25.99	Pr = 0.000
子代对父代的劳务支持			
否	0.14	0	Pearson chi2（1）= 0.7984
是	99.86	100	Pr = 0.372

户籍。在劳务支持方面，子代照顾孙代孩子，也体现出农村户籍要显著高于城市户籍。这是否反映了农村户籍比非农户籍更重视子代和孙代的情感交流、经济往来和劳务支持呢？还需要进一步控制其他变量情况下，看回归分析（见表 9-2）的结果。为了节省表格所占空间，后面其他方面影响因素的分析均使用表 9-2，只是在其他分析中所要分析的影响因素是自变量，其他的是控制变量。

表 9-2　三代家庭代际关系影响因素回归分析

因变量	看望父代	与孙代见面	与孙代联络	父代对子代经济支持	子代对父代经济支持	孙代对子代经济支持	子代对孙代经济支持	子代对孙代劳务支持	子代对父代劳务支持
	1	2	3	4	5	6	7	8	9
变量	Odds ratio	Odds ratio	Odds ratio	Odds ratio	Odds ratio	Odds ratio	Odds ratio	Odds ratio	Odds ratio
户口	1.044	0.429 ***	0.345 ***	1.221	0.752 *	0.470 ***	0.420 ***	0.569 ***	3.414
	-0.138	-0.0518	-0.0412	-0.238	-0.0953	-0.0567	-0.0519	-0.0716	-4.346
女性	1.081	0.84	0.775 **	1.162	1.114	0.928	0.803 *	1.286 **	7.325
	-0.106	-0.0805	-0.0677	-0.186	-0.106	-0.0807	-0.0703	-0.115	-9.3
年龄组	1.336 **	3.192 ***	2.016 ***	0.764	0.877	2.850 ***	2.948 ***	3.123 ***	
	-0.135	-0.306	-0.185	-0.124	-0.0892	-0.268	-0.283	-0.318	
初中	0.674 ***	0.724 **	0.815 **	1.569 *	1.084	0.721 ***	0.729 **	0.786 *	0.578
	-0.0743	-0.0789	-0.0807	-0.297	-0.117	-0.0716	-0.0728	-0.0798	-0.833
高中	0.993	0.747 *	0.717 **	2.253 ***	1.406 *	0.839	0.834	0.738 *	0.143
	-0.15	-0.106	-0.0922	-0.495	-0.204	-0.108	-0.108	-0.0968	-0.212
大专及以上	0.626 *	0.539 **	0.610 *	2.151 *	2.620 ***	0.543 **	0.530 **	0.657	
	-0.142	-0.116	-0.135	-0.712	-0.717	-0.124	-0.124	-0.153	
健康一般	0.823	0.809	0.866	0.99	1.289 *	0.845	0.86	1.043	1.282
	-0.101	-0.0959	-0.0916	-0.196	-0.144	-0.0889	-0.0908	-0.112	-1.599
健康好	0.781	0.749 *	0.778 *	1.043	1.212	0.698 ***	0.690 ***	1.068	
	-0.111	-0.103	-0.0969	-0.237	-0.162	-0.087	-0.0867	-0.136	
生活水平一般	1.075	1.340 **	1.072	0.828	1.453 **	1.343 **	1.175	1.287 **	0.923
	-0.111	-0.132	-0.0975	-0.138	-0.14	-0.123	-0.108	-0.12	-1.16
生活水平好	1.08	1.375	1.179	1.458	2.217 ***	1.423 *	1.558 *	1.705 *	
	-0.215	-0.266	-0.211	-0.396	-0.494	-0.255	-0.281	-0.306	
截距	3.314 ***	1.685 ***	1.294	0.0640 ***	1.763 ***	0.599 ***	0.646 **	0.233 ***	158.3 **
	-0.532	-0.255	-0.182	-0.0168	-0.264	-0.0848	-0.0921	-0.0352	-255.4
样本数	2567	2567	2567	2567	2567	2567	2567	2567	1487
Pseudo R-squared	0.0115	0.0867	0.0651	0.024	0.0187	0.0681	0.0764	0.057	0.108

注：1. 括号里是稳健标准误；2. *** 表示 $p<0.001$，** 表示 $p<0.01$，* 表示 $p<0.05$。

回归分析的结果显示：情感交流维度方面，在户口类型中，农业户口是0（虚拟变量），非农业户口是1。在控制了性别、年龄、受教育水平、自评健康状况、相对收入水平等基础上，回归结果显示：在子代看望父代方面，回归结果不显著。在子代与孙代见面方面，非农户口要比农业户口的显著低57%；在子代与孙代联络方面，非农户口要比农业户口的显著低65%。这说明，在控制其他变量的基础上，子代和孙代的情感交流的确存在户籍差异，表现为农业户口子代和孙代的情感交流要好于非农业户口。

在经济往来方面，控制其他变量的基础上，子代对父代的经济支持显著。odds ratio 的结果显示，非农户籍的子代对父代的经济支持要显著低于农村户籍。孙代对子代的经济支持和子代对孙代的经济支持结果也显著，同样表现为非农户籍的子代和孙代的经济往来要低于农村户籍。这整体上体现了家庭代际关系在经济往来维度上的差异，非农户籍的子代和孙代的经济往来要低于农村户籍。

在劳务支持方面，控制其他变量的基础上，无论是子代对孙代的劳务支持还是子代对父代的劳务支持方面，都体现出了显著性差异，都是非农户籍要显著低于农业户籍。但是由于子代对父代的劳务支持选择是的占比达到99%以上，没有太多统计学意义。所以这里体现出在子代对孙代的劳务支持上，非农户籍要显著低于农业户籍。

总体来看，从子代的户籍状况看父子孙三代家庭代际关系，三个维度：情感交流、经济往来、劳务支持方面都体现了户籍差异。而这种户籍差异更多的是体现在子代和孙代之间。子代和孙代间的情感交流、经济往来、劳务支持中，非农户籍都显著低于农业户籍。

第二节　性别对三代家庭代际关系的影响

由于离异或者丧偶等，子代的性别比例并不是呈现1∶1的比例。统计结果显示：在2657个样本中，男性有1117个，占比42.04%；

女性为1540个，占比为57.96%。先看来描述性统计的结果（见表9-3），重点是 P 值小于0.05，具有显著性的。在情感交流方面，子代与孙代见面、子代与孙代联络具有统计上的显著性差异，都

表9-3　　　　性别和家庭代际关系变量的列联表　　　　（单位：%）

维度	男性	女性	显著性检验
情感交流			
看望父代			
否	24.87	22.97	Pearson chi2（1）=1.2824
是	75.13	77.03	Pr=0.257
与孙代见面			
否	27.82	33.42	Pearson chi2（1）=9.4964
是	72.18	66.58	Pr=0.002
与孙代联络			
否	42.75	49.06	Pearson chi2（1）=10.3534
是	57.25	50.94	Pr=0.001
经济往来			
父代对子代经济支持			
否	92.93	92.41	Pearson chi2（1）=0.2628
是	7.07	7.59	Pr=0.608
子代对父代经济支持			
否	27.55	26.67	Pearson chi2（1）=0.2533
是	72.45	73.33	Pr=0.615
孙代对子代经济支持			
否	51.16	54.51	Pearson chi2（1）=2.9150
是	48.84	45.49	Pr=0.088
子代对孙代经济支持			
否	50.63	57.11	Pearson chi2（1）=10.9657
是	49.37	42.89	Pr=0.001
劳务支持			
子代对孙代的劳务支持			
否	64.31	61.19	Pearson chi2（1）=2.6864
是	35.69	38.81	Pr=0.101
子代对父代的劳务支持			
否	0.18	0.06	Pearson chi2（1）=0.7471
是	99.82	99.94	Pr=0.387

表现为男性子代比女性子代更多地与孙代见面、与孙代联络；而在经济往来方面，男性子代比女性子代更多地给予孙代经济支持。

再来看回归分析的结果，重点看有显著性差异的变量。在控制了户口、年龄、受教育水平、自评健康状况、自评相对生活水平等变量的情况下，在情感交流方面，子代与孙代联络，女性要弱于男性；在经济往来方面，子代对孙代的经济支持，女性要弱于男性；在劳务支持方面，子代对孙代的劳务支持，女性要强于男性。整体上看，性别差异在家庭代际关系不同维度的表现是不一样的。在情感交流方面，子代与孙代联络，女性要弱于男性；在经济往来方面，子代对孙代的经济支持，女性要弱于男性；在劳务支持方面，子代对孙代的劳务支持，女性要强于男性。

第三节 年龄对三代家庭代际关系的影响

年龄本来是作为离散型变量，但是通过对年龄的描述性统计发现，50岁及以上的占比较大，并且为了便于比较，这里将年龄处理为二分类变量，第一类是50岁以下，在回归分析中作为参照组，第二类是50岁及以上。在2657个样本中，50岁及以下的有802个，占比30.18%；50岁及以上有1855个，占比69.82%。从描述性统计的结果来看（见表9-4），在情感交流方面，无论是子代看望父代、子代与孙代见面、子代与孙代联络，50岁及以上组皆显著高于50岁以下组。在经济往来方面，父代和子代间的经济往来不显著，但是子代和孙代间的经济往来显著，表现为50岁及以上组显著高于50岁以下组。在劳务支持方面，子代对孙代的劳务支持显著，也表现为50岁及以上组显著高于50岁以下组，子代对父代的劳务支持不显著。

表9-4　　　　　　年龄和家庭代际关系变量的列联表　　　　　　（单位：%）

维度	50岁以下	50岁及以上	显著性检验
情感交流			
看望父代			
否	27.43	22.19	Pearson chi2（1）=8.5044
是	72.57	77.81	Pr=0.004
与孙代见面			
否	47.88	23.8	Pearson chi2（1）=151.6421
是	52.12	76.2	Pr=0.000
与孙代联络			
否	57.73	41.52	Pearson chi2（1）=59.1906
是	42.27	58.48	Pr=0.000
经济往来			
父代对子代经济支持			
否	91.4	93.16	Pearson chi2（1）=2.5540
是	8.6	6.84	Pr=0.110
子代对父代经济支持			
否	25.94	27.52	Pearson chi2（1）=0.7108
是	74.06	72.48	Pr=0.399
孙代对子代经济支持			
否	69.08	46.2	Pearson chi2（1）=117.6734
是	30.92	53.8	Pr=0.000
子代对孙代经济支持			
否	71.2	47.12	Pearson chi2（1）=130.8930
是	28.8	52.88	Pr=0.000
劳务支持			
子代对孙代的劳务支持			
否	78.43	55.63	Pearson chi2（1）=124.2533
是	21.57	44.37	Pr=0.000
子代对父代的劳务支持			
否	0.25	0.05	Pearson chi2（1）=1.9001
是	99.75	99.95	Pr=0.168

回归分析结果显示，在控制了户口、性别、受教育水平、自评健康状况、自评相对生活水平等变量的情况下，在情感交流方面，无论是子代看望父代、子代与孙代见面、子代与孙代联络，50岁及以上组皆显著高于50岁以下组。在经济往来方面，父代和子代间

的经济往来不显著，但是子代和孙代间的经济往来显著，表现为50岁及以上组显著高于50岁以下组。在劳务支持方面，子代对孙代的劳务支持和子代对父代的劳务支持显著，也表现为50岁及以上组显著高于50岁以下组。整体来看，随着子代年龄越大，三代家庭的代际关系越紧密，但是父代和子代间的经济往来并不是这样。

第四节　受教育水平对三代家庭代际关系的影响

在问卷中，受教育水平划分得比较细，这里进行了处理，主要划分为四级：第一级就是小学及以下（在回归分析中作为参照组），第二级是初中，第三级是高中，第四级是大专及以上。在2567个样本中，一级到四级占比分别是48.81%、29.88%、15.73%、5.57%。小学及以下组占有较大比例。

在描述性统计中（见表9-5），根据显著性检验的结果，可以看出，在情感交流方面三个维度均体现出差异；在经济往来中，四个维度也体现出显著性差异；在劳务支持方面，子代对孙代有显著性差异，但是子代对父代的差异不显著。具体差异怎样，还需要进一步看回归分析的结果。回归结果显示，在控制了户口、性别、年龄、自评健康状况、自评相对生活水平等变量的情况下，在情感交流方面，初中学历和大专及以上学历在子代看望父代方面要弱于小学及以下受教育水平的；子代与孙代见面方面，初中学历、高中学历、大专及以上学历均弱于小学及以下；子代与孙代联络方面，相对于小学及以下，初中学历、高中学历、大专及以上学历呈现逐渐降低的趋势，这体现了随着学历增高，父子孙三代的情感交流变弱。在经济往来方面，在父代对子代的经济支持方面，初中学历、高中学历、大专及以上学历比小学及以下的经济支持要好；在子代对父代的经济支持方面，高中学历、大专及以上学历比小学及以下的经济支持要好，所以在子代和

表9-5　　受教育水平和家庭代际关系变量的列联表　　（单位：%）

维度	小学及以下	初中	高中	大专及以上	显著性检验
情感交流					
看望父代					
否	21.13	28.21	21.29	29.73	Pearson chi2 (3) = 17.9779 Pr = 0.000
是	78.87	71.79	78.71	70.27	
与孙代见面					
否	26.29	33.63	33.73	52.03	Pearson chi2 (3) = 47.9718 Pr = 0.000
是	73.71	66.37	66.27	47.97	
与孙代联络					
否	40.63	47.73	53.59	69.59	Pearson chi2 (3) = 58.6152 Pr = 0.000
是	59.37	52.27	46.41	30.41	
经济往来					
父代对子代经济支持					
否	94.68	92.19	88.76	87.84	Pearson chi2 (3) = 22.3569 Pr = 0.000
是	5.32	7.81	11.24	12.16	
子代对父代经济支持					
否	28.84	27.96	23.68	16.22	Pearson chi2 (3) = 13.6282 Pr = 0.003
是	71.16	72.04	76.32	83.78	
孙代对子代经济支持					
否	47.96	56.8	54.55	73.65	Pearson chi2 (3) = 43.5830 Pr = 0.000
是	52.04	43.2	45.45	26.35	
子代对孙代经济支持					
否	49.34	58.06	55.74	75.68	Pearson chi2 (3) = 44.9636 Pr = 0.000
是	50.66	41.94	44.26	24.32	
劳务支持					
子代对孙代的劳务支持					
否	58.29	65.62	65.55	74.32	Pearson chi2 (3) = 23.5991 Pr = 0.000
是	41.71	34.38	34.45	25.68	
子代对父代的劳务支持					
否	0.08	0.13	0.24	0	Pearson chi2 (3) = 0.9182 Pr = 0.821
是	99.92	99.87	99.76	100	

父代间的经济往来，呈现出随着学历增高而经济支持增强的趋势。而子代和孙代的经济往来，则呈现出随着学历增高而经济支持减弱的趋势。这大概是因为学历增高代表着经济独立的能力，当子代孙代都有工作时，经济往来则少，而子代和父代间，因为父代年老，学历越高的子代，经济水平越高，能够提供给父代的经济支持越高。

第五节　自评健康对三代家庭代际关系的影响

在CHARLS数据的问卷中，自评健康状况是两个问题，分别问了两组人自我评价身体健康状况，第一组人的选项是"极好"、"很好"、"好"、"一般"、"不好"，另一组人的问题选项是"很好"、"好"、"一般"、"不好"、"很不好"。这里将两组人合并，并将"极好"、"很好"、"好"合并为好，一般还是一般，将"不好"、"很不好"合并为差。这样在2657个样本中，差的占22.5%，在回归分析中作为参照组；一般的占52.5%；好的占25%。在研究成年子女和父母关系的文章中，一般研究父母的健康状况和代际关系的关系，而忽略子女的健康状况也影响着家庭代际关系，尤其是在三代家庭中，子代起着承上启下的作用，他们的身体状况尤为重要。在这一点上，这一节是对以往研究的突破。

在描述性统计中（见表9-6），在情感交流方面，看望父代不显著，子代与孙代见面、子代与孙代联络在自评健康方面显著，整体体现了身体状况越好，子代与孙代见面、子代与孙代联络的可能性越低。在经济往来方面，父代对子代的经济支持不显著，子代对父代的经济支持、孙代对子代的经济支持、子代对孙代的经济支持在自评健康上的差别显著，体现为子代自评身体状况越好，经济支持可能性越低。劳务支持方面不显著。

回归分析的结果显示，在控制了户口、性别、年龄、受教育水平、自评相对生活水平等变量的情况下，在情感交流方面，子代看望

表9-6　　　　自评健康和家庭代际关系变量的列联表　　　　（单位：%）

维度	差	一般	好	显著性检验
情感交流				
看望父代				
否	20.71	24.24	25.15	Pearson chi2（2）= 3.9389
是	79.29	75.76	74.85	Pr = 0.140
与孙代见面				
否	25.93	31.17	34.85	Pearson chi2（2）= 11.7470
是	74.07	68.83	65.15	Pr = 0.003
与孙代联络				
否	40.74	46.1	51.67	Pearson chi2（2）= 15.0507
是	59.26	53.9	48.33	Pr = 0.001
经济往来				
父代对子代经济支持				
否	93.27	92.64	91.82	Pearson chi2（2）= 0.9714
是	6.73	7.36	8.18	Pr = 0.615
子代对父代经济支持				
否	31.99	25.4	25	Pearson chi2（2）= 10.6306
是	68.01	74.6	75	Pr = 0.005
孙代对子代经济支持				
否	47.64	52.38	58.94	Pearson chi2（2）= 16.3988
是	52.36	47.62	41.06	Pr = 0.000
子代对孙代经济支持				
否	48.82	53.46	60.61	Pearson chi2（2）= 18.1364
是	51.18	46.54	39.39	Pr = 0.000
劳务支持				
子代照顾孙代孩子				
否	61.95	62.19	63.48	Pearson chi2（2）= 0.4028
是	38.05	37.81	36.52	Pr = 0.818
子代照顾父代				
否	0.17	0.14	0	Pearson chi2（2）= 1.0223
是	99.83	99.86	100	Pr = 0.600

父代不显著，在子代与孙代见面、子代与孙代联络方面，自评健康好的子代相比自评健康差的子代在子代与孙代见面、子代与孙代联络方面的可能性更小。在经济往来方面，父代对子代经济支持不显著，而子代对父代的经济支持，自评健康一般的子代比自评健康差的子代更可能给父代经济支持。在孙代和子代的经济往来中，则体现出自评健康好的子代比自评健康差的子代和孙代间经济往来的可能性更小。劳务支持方面不显著。这也说明，自评健康至少影响情感交流和经济支持。回归结果也反映了现实当中的情况，如果子代身体健康好，则子女不牵挂，相应联络可能会比身体健康差的子代要少。同理，在经济往来方面，子代身体一般可以工作，肯定比身体差的要给父代经济支持可能性高，而子代孙代间，身体好则不需要看病住院花钱，经济往来也会相应变小。

第六节 自评相对生活水平对三代家庭代际关系的影响

本章在此选用自评相对生活水平，主要是从相对剥夺感角度来出发。相对剥夺感理论认为，"人不患寡而患不均"，其实影响人的可能不一定是客观收入，而是相互的比较。本书主要采用问卷中与邻里或者村里人的平均生活水平相比：您觉得自己的生活水平怎样？答案的选项有：好很多、好一些、差不多、差一些、差很多。本书对问题答案的选项进行合并，将差一些和差很多合并为差，在回归分析中是参照组，将"差不多"视为一般，将"好很多"和"好一些"合并为好。在2657个样本中，自评相对生活水平为差的占33.73%，自评相对生活水平为一般的占59.36%，自评相对生活水平为好的占6.96%。整体来看，选择自评相对生活为好的占比较低，这可能反映了日常生活中人们对于自身经济水平的含蓄表达。

从描述性统计的结果来看（见表9-7），自评相对生活水平在情

表9-7 自评相对生活水平和家庭代际关系变量的列联表 （单位：%）

维度	差	一般	好	显著性检验
情感交流				
看望父代				
否	20.71	24.24	25.15	Pearson chi2（2）=0.1527
是	79.29	75.76	74.85	Pr=0.926
与孙代见面				
否	25.93	31.17	34.85	Pearson chi2（2）=5.5661
是	74.07	68.83	65.15	Pr=0.062
与孙代联络				
否	40.74	46.1	51.67	Pearson chi2（2）=0.1745
是	59.26	53.9	48.33	Pr=0.916
经济往来				
父代对子代经济支持				
否	93.27	92.64	91.82	Pearson chi2（2）=7.1953
是	6.73	7.36	8.18	Pr=0.027
子代对父代经济支持				
否	31.99	25.4	25	Pearson chi2（2）=30.9834
是	68.01	74.6	75	Pr=0.000
孙代对子代经济支持				
否	47.64	52.38	58.94	Pearson chi2（2）=5.9914
是	52.36	47.62	41.06	Pr=0.050
子代对孙代经济支持				
否	48.82	53.46	60.61	Pearson chi2（2）=2.2515
是	51.18	46.54	39.39	Pr=0.324
劳务支持				
子代对孙代劳务支持				
否	61.95	62.19	63.48	Pearson chi2（2）=7.4139
是	38.05	37.81	36.52	Pr=0.025
子代对父代劳务支持				
否	0.17	0.14	0	Pearson chi2（2）=0.2347
是	99.83	99.86	100	Pr=0.889

感交流方面不显著，在经济往来方面，父代对子代的经济支持、子代对父代的经济支持显著，呈现子代自评生活水平越高，经济往来的可能性也越高。在孙代对子代的经济支持方面显著，呈现子代自评生活水平越高，孙代给子代经济支持的可能性也越低。在劳务支持方面，子代对孙代的劳务支持显著，体现为子代的自评生活水平越高，对孙代的劳务支持越低。

回归结果显示，在控制了户口、性别、年龄、受教育水平、自评健康状况等变量的情况下，在情感交流方面，自评生活水平为一般的相比自评生活水平为差的在与孙代见面方面的可能性要高。在经济往来方面，体现为相对于自评生活水平为差的子代，自评生活水平为一般和高的，子代对父代的经济支持、孙代对父代的经济支持的可能性较高。在子代对孙代经济支持方面，自评生活水平为好的相对于自评生活水平为差的，经济支持的可能性要高。这也与现实情况相符。如果生活水平高，自然愿意支持父代和孙代，同样孙代和子代的经济往来也会比较多。

第七节　本章小结

本章站在子代的视角，分别从制度、家庭、个人的维度探讨影响三代家庭代际关系的因素，主要使用二分类 logistic 回归模型，首先进行描述统计，然后进行回归分析，主要结果如下。

（一）户籍制度

情感交流、经济往来、劳务支持方面都体现了户籍差异。而这种户籍差异更多地体现在子代和孙代之间。整体来看，子代和孙代间的情感交流、经济往来、劳务支持，非农户籍的都显著低于农业户籍。

（二）家庭状况

自评生活水平为一般的，相比自评生活水平为差的，在与孙代见面方面的可能性要高。在经济往来方面，体现为相对于自评生活水平为差的子代，自评生活水平为一般和高的，在子代对父代的经济支持、孙代对父代的经济支持上可能性较高。在子代对孙代经济支持方面，自评生活水平为好的相对于自评生活水平为差的，经济支持的可能性要高。

（三）性别差异

情感交流方面，子代与孙代联络，女性要弱于男性；在经济往来方面，子代对孙代的经济支持，女性要弱于男性；在劳务支持方面，子代对孙代的劳务支持，女性要强于男性。

（四）年龄差异

子代看望父代、子代与孙代见面、子代与孙代联络，50岁及以上组皆显著高于50岁以下组。在经济往来方面，父代和子代间的经济往来不显著，但是子代和孙代间的经济往来显著，表现为50岁及以上组显著高于50岁以下组。在劳务支持方面。子代对孙代的劳务支持和子代对父代的劳务支持显著，也表现为50岁及以上组显著高于50岁以下组。整体来看，随着子代年龄越大，三代家庭的代际关系越紧密。

（五）受教育水平

在情感交流方面，初中和大专及以上学历在子代看望父代方面要弱于小学及以下受教育水平的；子代与孙代见面方面，初中学历、高中学历、大专及以上学历均弱于小学及以下；子代与孙代联络方面，相对于小学及以下，初中学历、高中学历、大专及以上学历呈现逐渐降低的趋势。这体现了随着学历增高，父子孙三代的情感交流变弱。在经济往来方面，在父代对子代的经济支持方面，初中学历、高中学历、大专及以上学历比小学及以下的经济支持要好；在子代对父代的经济支持方面，高中学历、大专及以上学历比小学及以下的经济支持要好，所以在子代和父代间的经济往来，呈现出随着学历增高而经济支持增强的趋势。而在子代和孙代的经济往来，则呈现出随着学历增高而经济支持减弱的趋势。

(六) 自评健康

回归分析的结果显示,在情感交流方面,子代看望父代不显著,在子代与孙代见面、子代与孙代联络方面,自评健康好的子代相比自评健康差的子代,在子代与孙代见面、子代与孙代联络方面的可能性更小。在经济往来方面,父代对子代的经济支持不显著,而子代对父代的经济支持,自评健康一般的子代比自评健康差的子代更可能给父代经济支持。在孙代和子代的经济往来中,则体现出自评健康好的子代比自评健康差的子代和孙代间经济往来的可能性更小。劳务支持方面不显著。这也说明自评健康至少影响情感交流和经济支持。回归结果也反映了现实情况,如果子代身体健康,则子女不牵挂,相应联络可能会比身体健康差的子代要少。同理,在经济往来方面,子代身体一般可以工作,肯定比身体差的要给父代经济支持的可能性高,而子代孙代间,身体好则不需要看病住院花钱,所以经济往来也会相应变小。

整体来看,六个指标分别从制度、家庭、个人维度出发,探讨影响家庭代际关系的状况。它们都对家庭代际关系的各个层面有着或多或少的影响,这反映了家庭代际关系受到社会各层面多维度的形塑。父代和子代的关系受影响较少,而子代和孙代受影响较大,这说明在父代和子代间仍处于前家庭现代化阶段,既不是家庭代际关系西方化,也不是阎云翔所谓的"无公德的个人",而子代和孙代间的家庭代际关系目前还不够稳定,呈现多样化和不确定性,处于家庭现代化和传统孝道交锋之中。但"家风亲和"关系能明显体现,这可能验证了阎云翔所说的"新家庭主义"的兴起。

第十章 总结和讨论

第一节 主要结论和发现

转型中国的三代家庭代际关系是复杂的，本书试图以较为清晰的笔触勾勒在社会转型浪潮下中国三代家庭代际关系的基本情况。学界内，近些年关于家庭代际关系的研究逐渐增多，但基于真实三代家庭而非三代家庭户代际关系的研究还特别少。三代家庭是中国家庭的主要形态，三代家庭相较于学界经常研究的两代家庭更能显示真实社会中家庭代际关系的复杂性。而且，三代家庭各父子孙代都经历了不同的生命历程，代际间关系会受到比较大的影响。本书主要从三代家庭的基本情况、三代家庭代际关系的现状和变化、三代家庭代际关系的内部互动、三代家庭代际关系的类型分析及影响等方面出发，试图提供一个全景式的三代家庭代际关系的研究。也基于总体史观的全面性和整体性的要求提供一个转型期中国家庭代际关系的片段。结构性视角也是总体史观带给笔者的重要启示，本书在对三代家庭代际关系的影响因素，即从制度、家庭、个人出发来探讨个人和社会互动对其的影响。此外，以往关于家庭代际关系研究还存在一些争议，也有部分学者基于质性研究提出一些新看法。本书也基于实证结果对家庭代际关系研究领域内的争议进行了回应。

本书是基于前人研究基础上的。在理论方面，本书吸收借鉴了多种学科的理论。总体史观作为基础性理论一直指引着整个研究工作，还有人口学、社会学、经济学、历史学都能在字里行间发现痕迹。基于三代家庭代际关系的实证研究，本书对以往的理论进行了拓展，如将家庭生命周期更进一步放到家庭代际关系中，提出了家庭代际关系生命周期。本书还提出家庭代际关系再生产，并用数据进行了实证检验，家庭代际关系的功能属于文化层面，不弱于人口再生产的功能，这也是中国家庭代际关系在现代化冲击下仍然保持传统性的重要原因。此外，家庭研究作为基础性研究，很重要的一方面要反映现实和回应现实，通过对家庭代际关系中"身体缺席"交往的实证研究发现，科学技术日新月异尤其是互联网等通信技术的发展推动"身体缺席"交往的增多，体现出科技对家庭代际关系的影响。

本章是最后一章，需要对前面研究的结论和发现进行总结梳理。

中国进入转型期，社会诸多方面发生了显著变化，作为家庭核心的家庭代际关系是否也发生了转变？这是学术界一直关注的问题。早在20世纪80年代，著名的社会学家费孝通就对此进行了研究，他认为西方的家庭代际关系是接力模式，在父子两代中，父代只需要抚育子代而不需要赡养父代的上一代，等子代长大后继续接力照顾子代的下一代。而中国的家庭代际关系是反馈模式，父代照顾子代就是希望子代成年后赡养父代，但与此同时成年的子代又要抚育子代的下一代，寄希望于其成年后能赡养子代，以此形成互相嵌套的反馈。相较于费孝通时代略微笼统的理念性研究，当今的家庭代际关系研究更为实证主义，但是基于不同的研究方法得出不同的结论。采用质性研究的如贺雪峰、刘桂莉认为当代家庭代际关系产生重大变化，最明显的特征就是由重视年长者到重视年幼者，所以他们认为家庭代际关系正呈现"恩往下流"或"眼泪往下流"的特征。而定量研究者如杨菊华、徐勤等通过数据分析和国际比较认为家庭代际关系的反馈机制变化不大，现代化的影响有限。

综观以往研究，至少在三个方面可以推进，一是将父子两代的研究拓展为父子孙三代的研究，因为在中国的语境下成年的子代不仅要赡养父代还要抚育子代，甚至还有父代对孙代的隔代照料。二是进一步框定家庭代际关系的含义，具体应该操作化成哪些指标。三是由同吃同住的家庭户研究拓展到基于血缘、亲缘关系的真实家庭研究。基于此，笔者利用在家庭代际关系变量比较丰富的中国健康与养老追踪调查（2011—2015）数据构建了父子孙三代家庭数据库，参照以往家庭代际关系操作化的指标将其概化为经济往来、情感交流、劳务支持三个具体的维度，以此探究转型中国的家庭代际的现状与变化趋势以及家庭代际间的互动关系。

一 "并不是所有的眼泪往下流"

在父子孙三代家庭关系中，子代是中间层，也是三代中压力最大的一层，CHARLS数据显示，从父代和子代的经济往来的均值看，父代对子代经济支持是560元，子代对父代经济支持是1300元，子代付出是父代的两倍以上。在从子代和孙代的经济往来的均值看，子代给孙代的经济支持为5100多元，而孙代给子代的经济支持为2500元，子代付出也是孙代的两倍以上。而子代对父代经济支持远小于子代给孙代的经济支持，两者之间相差约3800元。子代付出的多，收获的少，子代可以堪称"夹心层中的一代"。同样，在劳务支持方面也呈现了相似的特征，数据显示从均值看子代对父代的劳务支持为一年584小时，对孙代劳务支持则是2041小时，孙代是父代的3倍以上。经济往来和劳务支持两个方面让我们很容易认为当今家庭代际关系就是呈现重视孙代的所谓"眼泪往下流"的状况。对数据进一步分析发现，在经济支持方面，子代普遍对父代经济支持，占比约为77%，但是子代对孙代经济支持并不普遍，占比为36%。尤其是在情感交流方面，子代和父代的关系更加紧密。数据显示，74%子代和父代之间每月至少见一次，而仅有47%子代和孙代之间每月至少见一次。

综上所述，在三代家庭代际关系中"并不是所有的眼泪往下流"，事实上家庭代际关系是多维度的，我们不应该只关注到一方面的变化就轻易下结论。为什么在不同的维度会产生代际关系不同的流向？笔者认为关键在于不同代际的需求不同，作为年老的父代本身有一定的积蓄，经济压力不大，如果没有失能，也不太需要劳务支持，可能需要的更多的是来自子代情感的慰藉。作为年幼的孙代正处于上学或者结婚置业期，需要更多的经济和劳务支持，而由于代际理念的隔阂可能导致情感交流不多。

二 家庭代际关系变迁的堕距

家庭代际关系是如何变化的？这里利用 CHARLS 2011—2015 年数据来反映日新月异的社会变迁中的短暂篇章。从家庭代际关系的三个维度来看，2011 年和 2015 年经济往来的均值变化不大，经济往来流动方向都是一致的，呈现经济支持往孙代倾斜的状况。在劳务支持方面，子代对孙代的劳务支持多于子代对父代的劳务支持。子代对孙代的劳务支持增长 100 小时，子代对父代的劳务支持增长近 230 个小时。在情感交流方面，子代看望父代或者子代见孙代的占比相近，至少每月一次的占比变动不大。

整体上看，家庭代际关系在 5 年的时间中变化不大。美国社会学家奥格本提出"文化堕距"的理论，他认为在社会转型过程中，生产工具和科学技术的变化速度要远远快于制度、意识形态等文化方面的变迁，社会文化比科技变迁慢，便会形成文化堕距，堕距持续的时间可能会比较长也可能会比较短。家庭代际关系属于意识形态部分，可能也存在变迁中的堕距。子代对父代的劳务支持增长可能是因为老龄化程度加剧，尤其是受到 80 岁以上需要照顾的高龄老人增多等人口结构方面的因素影响。子代对孙代的劳务支持增长可能受到城市化影响，当孙代迁移到城市生活，子代可能因为孙代的劳务支持的需要也随迁到城市，与此同时，相比于子代以往生活的农村，子代生活世界缩小，又由于城市居住空间狭小，子代变相地承担更多的劳务。

三 "家庭代际关系再生产"与现代化冲击

家庭代际关系为什么在快速发展的社会中变化不大？这需要进一步考察家庭代际关系的内部互动。美国经济学家贝克尔认为家庭只是一种"合作社"模式，他提出家庭时间分配价值最大化是家庭决策和家庭代际关系决定性因素。根据贝克尔的理论，时间是有限的资源，时间分配是人们有意识地计算的过程，争取达到效益最优，在劳务支持方面可能会出现花更多时间抚育子代而忽视赡养父代，或者子代花更多时间赡养亲生父母而忽视配偶父母的情况。而采用结构方程模型方法对 CHARLS 数据分析的结果却得出不同的结论。结果显示，当其他条件不变时，子代抚育孙代潜变量每提升 1 个单位，子代赡养父代潜变量将直接提升 0.111 个单位，也就是说子代照顾孙代会显著正向影响子代照顾孙父代。子代照顾亲生父母潜变量每提升 1 个单位，子代照顾配偶潜变量将直接提升 0.152 个单位，这表明照顾亲生父母显著正向影响照顾配偶。无独有偶，在经济往来也呈现类似特征，子代对父代经济支持潜变量每提升 1 个单位，孙代对子代经济支持潜变量将直接提升 0.156 个单位，这代表子代对父代经济支持显著正向影响孙代对子代经济支持，这体现了日常俗语所说的"上行下效"和"家长模范作用"，也可以称为在三代家庭内部的一种"家庭代际关系再生产"，体现出家庭不仅具有人口再生产功能，更重要的是意识形态再生产功能。正是由于家庭代际关系再生产功能的存在，才能使中国的"孝道"和"家风"得以延续。这也是中国的家庭区别于西方家庭的重要一面。

为了进一步探究现代化因素对家庭代际关系的影响，笔者选取户籍、自评生活水平、性别、年龄、受教育程度、自评健康六个指标探讨影响三代家庭代际关系的程度。整体来看，六个指标都对家庭代际关系的各个层面有着或多或少的影响，反映了家庭代际关系受到社会各层面多维度的型塑。父代和子代的关系仅受到受教育程度、自评生活水平两个变量的影响，而子代和孙代受户籍、自评生活水平、性别、年龄、受教育程度、自评健康全部六个变量影响。纵向来看，这说明在父代和子代间仍处于前家庭现代化阶段，既不是家庭代际关系西方化，也不是人类学家阎云翔所谓的"无公德的个人"，而子代和孙代间的家庭代际关系目前看不够稳定，呈现多样化和不确定性，处于家庭现代化和传统习惯的交锋之中，但"家风和合"关系能明显体现。

而在情感交流方面，研究发现子代和孙代间通过电话、短信、信件和电子邮件联系呈现逐年增多的趋势，这与现在新的通信手段革新进化有着密切的关系。这在社会学意义上被称为身体缺席的交往，事实上这种交往对科学技术存在依赖性，科技越发达，跨时空交往越多，可能见面的需要越少，只是停留在网络空间的这种情感交流在多大程度上是真实的、有温度的呢？这需要进一步研究。

第二节 创新和不足

一 创新

1. 构建真实三代家庭结构，深化对转型中国背景下家庭代际关系的认识。在以往有关家庭代际关系的研究中，很少有学者研究三代家庭的代际关系，而三代家庭是现实中普遍存在的家庭模式。三代家庭的代际关系比较复杂，可以更为深刻地反映代际关系的本质。三代家庭无论是在年龄跨度还是在所经历的生命历程的跨度上都比较大，现代和传统碰撞的因素可能更丰富。实证研究的结果也表明，三代家庭的代际关系远比两代家庭要复杂，两代家庭所体现出的代际倾斜或者说"眼泪向下流"，在三代家庭中并不是那么绝对。而且从家庭代际关系的影响因素也可以看出，父代和子代之间受影响比较小，属于传统型，但是子代和孙代之间受影响比较大，处于传统型和现代型的交锋之中。

2. 定量和定性混合的长时段与短时段研究家庭代际变化。家庭代际关系的变化是本书一个着重研究的方面，因为 CHARLS 只有 5 年的数据，所以利用数据只能反映 5 年内三代家庭代际关系的情况。结果显示，在 2011—2015 年经济往来的流向变化不大，但是一个比较明显的变化就是子代和孙代通过手机、邮件等进行"跨时空"的"身体缺席"交往数量增多。这在一定程度上反映了科技对家庭代际关系的影响。同时，子代对父代和孙代劳务支持的时间增加，反映了子代的压力增大。此外，本书借助口述史的方法对家庭代际关系更长时段的考察发现，在家庭代际关系生命周期中，即便都是处于同样的孙代或子代，但由于时代、地区、队列的不同而不同。

3. 丰富和拓展现有家庭代际关系研究的理论和方法。本书通过实证研究发现一些现象，尝试在原有理论基础上进行深化和拓展。首先是家庭代际关系生命周期。在父子孙三代甚至四代中，存在家庭代际关系的生命周期，人出生总是先成为孙代，然后成为子代，再然后成为父代，同时新的孙代、子代出现。在家庭代际关系生命周期中，基本的抚养、赡养关系变化不大，但受社会变迁的影响，不同时代又体现出不同的流向、强度和形态。家庭代际关系生命周期是对家庭生命周期理论的丰富和延伸。其次是家庭代际关系再生产。在截面数据的三代或者追踪数据的多代之间，实证数据表明：家庭的功能不仅仅止于人口的再生产，甚至还有阶层、文化的再生产。在代际关系方面，则是家庭代际关系再生产，这种再生产有助于家庭传统价值观的延续，也是对再生产理论的扩展和推进。再次本书探讨了科学技术对家庭代际关系的影响。科技是现代社会最大也是变化最快的变量，传统的家庭代际关系研究对此涉及很少，从短短 5 年时间来看，子代和孙代间这种跨时空的"身体缺席"交往显著增多，反映了科技尤其是通信技术发展对家庭代际关系的影响。最后本书还将口述史、结构方程模型和潜类别分析等方法引入家庭代际关系的研究中，丰富和拓展了现有家庭代际关系研究的方法。

二 不足

当然，本书还存在诸多不足，首先，由于要构建三代家庭，数据样本量较少，在很多维度上无法充分展示家庭代际关系的丰富性。比如地区差异，按照地区比较家庭代际关系的差异是一件非常有意义的事情，但是由于样本量少，分到每个地区就变得更少，缺乏统计学意义，也就无法进行比较。又如数据限制，在家庭代际关系长时段考察中展现的案例，在北方和南方，家庭代际关系会有很大的差异。其次，虽然本书做了一些家庭代际关系的内部关系的研究，但主要是在同一维度，考虑到复杂性，并没有探讨多个维度上的交互作用，或者不同代不同维度的交叉作用，所以在家庭代际关系互动和影响机制方面的探讨不够深入。最后，由于CHARLS数据是老年人调查数据，对中老年人群体具有代表性，可能对中国家庭的代表性没有那么强。即便是对三代家庭，也因数据限制，更多探讨的是子代较年长的三代家庭。而且，这个调查是追踪数据，虽然有补充样本，但样本还是具有选择性的。样本的选择性导致研究结果不够全面，存在局限性。

第三节 研究展望

一 加强对非亲生三代家庭代际关系的研究

本书所使用的CHARLS数据中涉及继父母、养父母的情况，但是在构建三代家庭中，考虑到这些样本数量较少，并且使研究更加聚焦，所以并没有对继父母和养父母家庭的代际关系进行深入研究。随着后人口转变的深化，其中一个重要的表现就是离婚率和再婚率的上升，这将会导致继父母和养父母家庭增多。在这种非亲生家庭中，代际关系是怎样的，可能更多地反映出时代变迁的痕迹。将非亲生家庭和亲生家庭做比较研究，也是非常有价值的。但是CHARLS数据毕竟不是专门的家庭代际关系数据，而且非亲生家庭数量比较少，做出来的结果可能缺乏统计学意义。在此，笔者也呼吁学界加强对家庭代际关系基础性研究的重视，最好能在问卷设计中考虑添加一些家庭代际关系的问题或者组织家庭代际关系转型调查。谢宇（2014）在北京大学组织了中国家庭追踪调查，这为中国家庭的定量研究提供了数据支持，但是在家庭代际关系的问题设计上，并没有考虑不同代际的差异和多维性，变量设置仍有待完善。希望今后有更多有关家庭代际关系的数据出现，尤其是非亲生家庭数据，继续加强和拓展这方面的研究。

二　加强家庭代际关系的国际比较研究

本书研究对象是中国的家庭代际关系，其实暗含着与西方家庭代际关系的比较。但是本书没有使用西方家庭代际关系的数据，只是引用西方家庭研究领域较有代表性的文献。文化差异往往通过国际数据的比较显现出来，正如涂尔干（1988）在关于自杀研究中，通过各国自杀率的比较，从而得出不同宗教文化对自杀的影响。中国处于儒家文化圈，日本、韩国同属于儒家文化圈，中国和日韩的家庭代际关系是否类似或者有何不同，需要进行国际比较才能看出来，而中国和西方国家的家庭代际关系差异也需要国际比较。总体来看，家庭代际关系研究的国际视野是很有必要的，这也是笔者后续研究的努力方向。

附 录

子代和孙代情感交流结构方程方差估计结果

	方差估计	S. E.	C. R.	P
见面	0.54	0.095	5.672	***
e11	0.007	0.002	3.198	0.001
e1	2.544	0.108	23.579	***
e2	2.26	0.199	11.36	***
e3	1.461	0.044	33.069	***
e4	0.52	0.014	36.122	***
e8	0.23	0.007	35.295	***
e7	0.626	0.02	30.61	***
e6	0.912	0.066	13.801	***
e5	0.9	0.037	24.558	***

父子孙劳务支持结构方程模型方差估计结果

			Estimate	S. E.	C. R.	P
e13	<—>	e14	23794.16	1595.454	14.914	***
e5	<—>	e6	129361.28	4891.839	26.444	***
e3	<—>	e4	385158.87	14497.083	26.568	***
e10	<—>	e9	23867.193	2588.222	9.221	***
e11	<—>	e9	17477.952	2045.951	8.543	***
e15	<—>	e16	18718.152	1237.237	15.129	***
e9	<—>	e15	-4164.638	1580.927	-2.634	0.008
e9	<-->	e13	64227.978	2220.535	28.925	***
e10	<-->	e14	104142.73	4436.284	23.475	***
e11	<-->	e15	91599.068	2857.368	32.057	***
e9	<—>	e16	-17385.204	1662.05	-10.46	***
e11	<—>	e10	17413.13	2072.797	8.401	***
e7	<—>	e8	-2112.347	282.151	-7.487	***

注：*** 代表 $p < 0.001$。

子代照顾父母和岳父母结构方程模型方差估计结果

			Estimate	S. E.	C. R.	P
e8	<—>	e6	63846.537	4492.052	14.213	***
e8	<—>	e5	−71094.065	12177.906	−5.838	***
e7	<- ->	e6	7870.753	4108.852	1.916	0.055
e1	<—>	e4	81843.829	15297.31	5.35	***
e2	<—>	e4	183933.26	8383.678	21.939	***
e3	<—>	e4	68056.904	9084.978	7.491	***

父子孙三代经济支持结构方程模型方差估计结果

	Estimate	S. E.	C. R.	P
子代给父代经济支持	633843	345930.98	1.832	0.067
e7	41560	10023.417	4.146	***
e1	4336817	359695.97	12.057	***
e2	2303027	698956.84	3.295	***
e6	345253	13066.987	26.422	***
e5	3793853	154127.72	24.615	***
e4	16294553	935571.01	17.417	***
e3	10510350	359061.97	29.272	***

参考文献

白玫:《社会性别理论初探》,硕士学位论文,内蒙古大学,2006年。

边馥琴、约翰·罗根:《中美家庭代际关系比较研究》,《社会学研究》2001年第2期。

边燕杰、芦强:《阶层再生产与代际资源传递》,《人民论坛》2014年第2期。

布尔迪厄等:《再生产:一种教育系统理论的要点》,商务印书馆2002年版。

布罗代尔、吴模信:《菲利普二世时代的地中海和地中海世界》(上、下),商务印书馆1996年版。

布洛赫:《历史学家的技艺》,程郁、张和声译,上海社会科学院出版社1992年版。

布洛维:《公共社会学》,沈原译,社会科学文献出版社2007年版。

陈柏峰:《代际关系变动与老年人自杀——对湖北京山农村的实证研究》,《社会学研究》2009年第4期。

陈功、刘菊芬、徐静等:《老年人家庭代际经济流动的分析》,《人口与发展》2005年第1期。

陈明立、杜丽红:《我国老年同居的照护需求与法律援助问题研究》,《四川行政学院学报》2006年第4期。

陈卫、杨胜慧:《中国2010年总和生育率的再估计》,《人口研究》2014年第6期。

陈月新、袁冰心：《人口老龄化过程中家庭代际关系的变化》，《南方人口》1999年第3期。

陈云松、朱灿然、张亮亮：《代内"文化反授"：概念、理论和大数据实证》，《社会学研究》2017年第1期。

崔烨、靳小怡：《家庭代际关系对农村随迁父母心理福利的影响探析》，《中国农村经济》2016年第6期。

崔烨、靳小怡：《亲近还是疏离？乡城人口流动背景下农民工家庭的代际关系类型分析——来自深圳调查的发现》，《人口研究》2015年第3期。

邓伟志、徐榕：《简论家庭的起源和演化》，《上海交通大学学报》（哲学社会科学版）2004年第6期。

定宜庄：《最后的记忆：十六位旗人妇女的口述历史》，中国广播电视出版社1999年版。

董颖异：《城市啃老家庭的代际关系研究》，上海社会科学院出版社2014年版。

董之鹰：《家庭养老支持政策的选择》，《老龄问题研究》2005年第3期。

杜尔凯姆·爱米尔：《自杀论》，浙江人民出版社1988年版。

杜晓：《农村家庭代际关系的变化与应对》，《四川行政学院学报》2011年第5期。

段成荣、杨舸、张斐等：《改革开放以来我国流动人口变动的九大趋势》，《人口研究》2008年第6期。

樊欢欢：《"权威性孝道"的现代处境：对同住育儿家庭代际关系的分析》，《学术论坛》2014年第8期。

费孝通：《家庭结构变动中的老年赡养问题——再论中国家庭结构的变动》，《北京大学学报》（哲学社会科学版）1983年第3期。

费孝通：《论中国家庭结构的变动》，《天津社会科学》1982年第3期。

古德:《家庭社会学》,桂冠图书股份有限公司1988年版。

关颖:《改革开放以来我国家庭代际关系的新走向》,《学习与探索》2010年第1期。

郭俊霞:《农村家庭代际关系的现代性适应(1980—)——以赣鄂两个乡镇为例》,博士学位论文,华中科技大学,2012年。

郭于华:《代际关系中的公平逻辑及其变迁——对河北农村养老事件的分析》,《中国学术》2001年第4期。

郭志刚、陈功:《老年人与子女之间的代际经济流量的分析》,《人口研究》1998年第1期。

哈利·K. 威尔斯、张官廉:《西格蒙·弗洛伊德及其学说》,《西北师大学报》(社会科学版)1958年第1期。

贺雪峰:《农村代际关系论:兼论代际关系的价值基础》,《社会科学研究》2009年第5期。

贺雪峰:《农民家庭代际关系研究(笔谈,五篇):农村家庭代际关系的变迁——从"操心"说起》,《古今农业》2007年第4期。

洪大用:《社会治理的关键是治理流动性》,《社会治理》2017年第6期。

黄庆波、杜鹏、陈功:《成年子女与老年父母间代际关系的类型》,《人口学刊》2017年第4期。

黄仁宇:《万历十五年》,中华书局1982年版。

加里·S. 贝克尔、王业宇等:《人类行为的经济分析》,上海人民出版社2015年版。

靳小怡、崔烨、郭秋菊:《城镇化背景下农村随迁父母的代际关系——基于代际团结模式的分析》,《人口学刊》2015年第1期。

靳小怡、郭秋菊、崔烨:《转型期的农村家庭结构及其对代际关系的影响》,《青年研究》2014年第4期。

康岚:《论中国家庭代际关系研究的代差视角》,《中国青年研究》2009年第3期。

李超、李诗云、王雷:《随迁与留守——新移民家庭代际关系分析》,《人口与经济》2015年第2期。

李建民:《后人口转变论》,《人口研究》2000年第4期。

李建民:《人口转变论的古典问题和新古典问题》,《中国人口科学》2001年第4期。

梁秋生:《"四二一"结构:一种特殊的社会、家庭和代际关系的混合体》,《人口学刊》2004年第2期。

林如萍、黄秋华:《中年阶段的手足关系:规范、情感与支持》,《学术研究》2014年第3期。

刘桂莉:《眼泪为什么往下流?——转型期家庭代际关系倾斜问题探析》,《南昌大学学报》(人文社会科学版)2005年第6期。

刘爽、卫银霞、任慧:《从一次人口转变到二次人口转变——现代人口转变及其启示》,《人口研究》2012年第1期。

刘汶蓉:《反馈模式的延续与变迁》,博士学位论文,上海大学,2012年。

刘汶蓉:《转型期的家庭代际情感与团结——基于上海两类"啃老"家庭的比较》,《社会学研究》2016年第4期。

刘玉洁、龚继红:《社会转型时期我国家庭代际关系的变迁研究》,《学理论》2013年第12期。

卢扬:《生命历程视角下的农村家庭代际支持研究——兼论家庭代际关系的均衡》,硕士学位论文,华中农业大学,2017年。

吕宜灵:《家庭养老方式的可行性分析》,《医学与社会》2007年第11期。

马春华、李银河、唐灿等:《转型期中国城市家庭变迁:基于五城市的调查》,社会科学文献出版社2013年版。

马春华、石金群、李银河等:《中国城市家庭变迁的趋势和最新发现》,《社会学研究》2011年第2期。

马春华:《中国城市家庭亲子关系结构及社会阶层的影响》,《社会发展研究》2016 年第 3 期。

《马克思恩格斯文集》，人民出版社 2009 年版。

马尔萨斯、丁伟：《人口原理》，《商场现代化》1961 年第 21 期。

曼纽尔·卡斯特、卡斯特、夏铸九等：《网络社会的崛起》，社会科学文献出版社 2001 年版。

南希·福纳、乔安娜·特雷比、杨艳菊等：《美国移民家庭代际关系研究》，《社会学》2013 年第 2 期。

帕金·弗兰克·马克斯：《韦伯》，四川人民出版社 1987 年版。

潘允康：《试论我国城市核心家庭的生命周期》，《社会》1985 年第 5 期。

邱皓政：《潜在类别模型的原理与技术》，北京大学出版社 2008 年版。

渠敬东、周飞舟、应星：《从总体支配到技术治理——基于中国 30 年改革经验的社会学分析》，《中国社会科学》2009 年第 6 期。

任远：《后人口转变》，复旦大学出版社 1900 年版。

沈奕斐：《被建构的女性》，上海人民出版社 2005 年版。

石金群：《城市家庭成年子女与父母的代际关系广州为例的实证研究》，博士学位论文，中国社会科学院，2013 年。

石金群：《当代西方家庭代际关系研究的理论新转向》，《国外社会科学》2015 年第 2 期。

石金群：《独立还是延续：当代都市家庭代际关系中的矛盾心境》，《广西民族大学学报》（哲学社会科学版）2014 年第 4 期。

石金群：《独立与依赖》，社会科学文献出版社 2015 年版。

石金群：《转型期家庭代际关系流变：机制、逻辑与张力》，《社会科学文摘》2017 年第 1 期。

宋健、范文婷：《中国城市家庭的代际情感交流——基于独生子女生命历程视角的实证分析》，《南方人口》2016 年第 2 期。

宋健、黄菲：《中国第一代独生子女与其父母的代际互动——与非独生子女的比较研究》,《人口研究》2011 年第 3 期。

宋璐、李树茁:《农村老年人家庭代际关系及其影响因素——基于性别视角的潜在类别分析》,《人口与经济》2017 年第 6 期。

宋爽:《浅谈现代社会中的中国传统家庭代际伦理》,《青年科学》2009 年第 12 期。

孙本文、周晓虹:《孙本文文集》,社会科学文献出版社 2012 年版。

孙鹃娟:《成年子女外出状况及对农村家庭代际关系的影响》,《人口学刊》2010 年第 1 期。

唐灿、马春华、石金群:《女儿赡养的伦理与公平——浙东农村家庭代际关系的性别考察》,《社会学研究》2009 年第 6 期。

唐有财:《市场逻辑取代孝道伦理了吗——基于晋苏鲁三省农村老年人家庭代际关系的实证研究》,《全国农村老龄问题高峰论坛》2011 年版。

田崇玉:《家庭代际关系研究述评》,《天府新论》2009 年第 1 期。

田雪原:《中国老年人口》,社会科学文献出版社 2007 年版。

佟新:《人口社会学》(第 4 版),北京大学出版社 2010 年版。

王春光、赵玉峰、王玉琪:《当代中国农民社会分层的新动向》,《社会学研究》2018 年第 1 期。

王飞、王天夫:《家庭财富累积、代际关系与传统养老模式的变化》,《老龄科学研究》2014 年第 1 期。

王海娟:《农民家庭代际关系脱嵌化诱因与效应分析》,《湖南农业大学学报》(社会科学版)2016 年第 1 期。

王江萍:《城市老年人居住方式研究》,《城市规划》2002 年第 3 期。

王树新:《论城市中青年人与老年人分而不离的供养关系》,《中国人口科学》1995 年第 3 期。

王跃生:《当代农村代际关系研究:冀东村庄考察》,中国社会科学出版社 2011 年版。

王跃生:《婚事操办中的代际关系:家庭财产积累与转移——冀东农

村的考察》,《中国农村观察》2010年第3期。

王跃生:《家庭结构转化和变动的理论分析——以中国农村的历史和现实经验为基础》,《社会科学》2008年第7期。

王跃生:《家庭生命周期、夫妇生命历程与家庭结构变动——以河北农村调查数据为基础的分析》,《社会科学战线》2011年第6期。

王跃生:《农村家庭代际关系理论和经验分析——以北方农村为基础》,《社会科学研究》2010年第4期。

王跃生:《中国当代家庭、家户和家的"分"与"合"》,《中国社会科学》2016年第4期。

王跃生:《中国当代家庭关系的变迁:形式、内容及功能》,《人民论坛》2013年第23期。

王跃生:《中国家庭代际关系的理论分析》,《人口研究》2008年第4期。

王跃生:《中国家庭代际关系的维系、变动和趋向》,《江淮论坛》2011年第2期。

王跃生:《中国家庭代际关系内容及其时期差异——历史与现实相结合的考察》,《中国社会科学院研究生院学报》2011年第3期。

王跃生:《中国农村家庭的核心化分析》,《中国人口科学》2007年第5期。

吴帆、李建民:《中国人口老龄化和社会转型背景下的社会代际关系》,《学海》2010年第1期。

吴帆、林川:《欧洲第二次人口转变理论及其对中国的启示》,《南开学报》(哲学社会科学版)2013年第6期。

吴小英:《"去家庭化"还是"家庭化":家庭论争背后的"政治正确"》,《河北学刊》2016年第5期。

吴小英:《代际冲突与青年话语的变迁》,《青年研究》2006年第8期。

吴小英:《流动性:一个理解家庭的新框架》,《探索与争鸣》2017年第 7 期。

肖倩、杨泽娟：《农村家庭代际关系与老人赡养问题——对赣中南农村的实证研究》，《求实》2010 年第 10 期。

肖索未：《"严母慈祖"：儿童抚育中的代际合作与权力关系》，《社会学研究》2014 年第 6 期。

熊波、石人炳：《中国家庭代际关系对代际支持的影响机制——基于老年父母视角的考察》，《人口学刊》2016 年第 5 期。

熊波：《关系与互动：农村家庭代际支持研究》，暨南大学出版社 2015 年版。

熊凤水：《从婚姻支付实践变迁看农村家庭代际关系转型》，《中国青年研究》2009 年第 3 期。

熊跃根：《中国城市家庭的代际关系与老人照顾》，《中国人口科学》1998 年第 6 期。

徐安琪：《家庭结构与代际关系研究——以上海为例的实证分析》，《江苏社会科学》2001 年第 2 期。

徐勤：《农村老年人家庭代际交往调查》，《人口与社会》2011 年第 1 期。

阎云翔、龚小夏：《私人生活的变革：一个中国村庄里的爱情、家庭与亲密关系》，上海书店出版社 2006 年版。

阎云翔、倪顺江：《中国城市青年中的父母干预型离婚与个体化》，《国际社会科学杂志》2016 年第 1 期。

杨菊华、李路路：《代际互动与家庭凝聚力——东亚国家和地区比较研究》，《社会学研究》2009 年第 3 期。

叶文振、叶丰：《网络的沟通和沟通的网络——兼论社会网络化和家庭代际关系》，《中共福建省委党校学报》2008 年第 6 期。

尤瓦尔·赫拉利：《未来简史》，《华北电业》2017 年第 3 期。

于学军：《再论"中国进入后人口转变时期"》，《中国人口科学》2000 年第 2 期。

于长永:《农民"养儿防老"观念的代际差异及转变趋向》,《人口学刊》2012年第6期。

原新:《独生子女家庭的养老支持——从人口学视角的分析》,《人口研究》2004年第5期。

翟振武、陈佳鞠、李龙:《现阶段中国的总和生育率究竟是多少?——来自户籍登记数据的新证据》,《人口研究》2015年第6期。

张洁婷、焦璨、张敏强:《潜在类别分析技术在心理学研究中的应用》,《心理科学进展》2010年第12期。

张翼:《社会新常态:后工业化社会与中产化社会的来临》,《江苏社会科学》2016年第1期。

张再云、魏刚:《代际关系、价值观和家庭养老——关于家庭养老的文化解释》,《西北人口》2003年第1期。

赵爽:《农村家庭代际关系的变化:文化与结构结合的路径》,《青年研究》2010年第1期。

郑晨:《独立自主性:现代家庭代际关系的一块基石》,《开放时代》1995年第4期。

钟晓慧、何式凝:《协商式亲密关系:独生子女父母对家庭关系和孝道的期待》,《开放时代》2014年第1期。

周晓虹:《试论当代中国青年文化的反哺意义》,《青年研究》1988年第11期。

周晓虹:《文化反哺》,商务印书馆2015年版。

周云:《从调查数据看高龄老人的家庭代际关系》,《中国人口科学》2001年第Z1期。

朱静辉、朱巧燕:《温和的理性——当代浙江农村家庭代际关系研究》,《浙江社会科学》2013年第10期。

朱静辉:《家庭结构、代际关系与老年人赡养——以安徽薛村为个案的考察》,《西北人口》2010年第3期。

Amato P. R., Rezac S. J., Booth A., "Helping between Parents and Young Adult Offspring: The Role of Parental Marital Quality, Divorce, and Remarriage", *Journal of Marriage & Family*, Vol. 57, No. 2, 1995.

Becker G. S. A., "Treatise on the Family, Enlarged Edition", *Journal of Economics*, 1991.

Becker G. S., *A treatise on the family*, Enlarged ed., Cambridge Massachusetts Harvard University Press, 1991.

Bengtson V. L., Rosenthal C., Burton L., "Paradoxes of Family and Aging", Handbook of Aging and the Social Sciences. Academic Press, San Diego, 1996.

Bengtson V., Giarrusso R., Mabry J. B., et al., "Solidarity, Conflict, and Ambivalence: Complementary or Competing Perspectives on Intergenerational Relationships?", *Journal of Marriage & Family*, Vol. 64, No. 3, 2002.

Burgess E. W., Locke H. J., "The Family: From Institution to Companionship", *Marriage & Family Living*, Vol. 15, No. 4, 1953.

Burton, G. P. The, Lex Irnitana, ch. 84, "The Promise of Vadimonium and the Jurisdiction of Proconsuls", *Classical Quarterly*, Vol. 46, No. 1, 1996.

Caldwell J. C., "Social Upheaval and Fertility Decline", *Journal of Family History*, Vol. 29, No. 4, 2004.

Chen X., Silverstein M., "Intergenerational Social Support and the Psychological Well-Being of Older Parents in China", *Research on Aging*, Vol. 22, No. 1, 2000.

Cherlin A. J., Furstenbe F. F., *The New American Grandparent*, Harvard University Press, 1992.

Cherlin A. J., "The Deinstitutionalization of American Marriage", *Journal of Marriage and Family*, Vol. 66, No. 4, 2004.

Cox D. R., Isham V. S., Northrop P. J., "Floods: Some Probabilistic and Statistical Approaches", *Philos Trans A Math Phys Eng Sci*, Vol. 360, No. 1796, 2002.

Davey A., Eggebeen D. J., "Patterns of Intergenerational Exchange and Mental Health", *Journals of Gerontology*, Vol. 53, No. 2, 1998.

Davey A., Norris J. E., "Social Networks and Exchange Norms Across the Adult Life-Span", *Canadian Journal on Aging*, Vol. 17, No. 2, 1998.

Davey A., Patsios D., "Formal and Informal Community Care to Older Adults: Comparative Analysis of the United States and Great Britain", *Journal of Family & Economic Issues*, Vol. 20, No. 3, 1999.

David A. Freedman, "Statistical Models: Theory and Practice", *Technometrics*, Vol. 48, No. 2, 2009.

Day N. E., "Estimating the Components of a Mixture of Normal Distributions", *Biometrika*, Vol. 56, No. 3, 1969.

Eggebeen D. J., Davey A., "Do Safety Nets Work? The Role of Anticipated Help in Times of Need", *Journal of Marriage & Family*, Vol. 60, No. 4, 1998.

Elder G. H., George L. K., "Age, Cohorts, and the Life Course", Handbook of the Life Course Pring International Publishing, 2016.

Elder G. H., "Families and Lives: Some Developments in Life-Course Studies", *Journal of Family History Studies in Family Kinship Gender & Demography*, Vol. 12, No. 1, 1987.

Elder G. H., "The Life Course and Aging: Some Reflections", *Distinguished Scholar Lecture*, 1999.

Elder, Glen H., Robertson, Elizabeth B., Conger, Rand D., "Fathers and Sons in Rural America: Occupational Choice and Intergenerational Ties Across the Life Course", *Aging & Generational Relations Over the*

Life Course, 1996.

Furstenberg F. F., Hoffman S. D., Shrestha L., "The Effect of Divorce on Intergenerational Transfers: New Evidence", *Demography*, Vol. 32, No. 3, 1995.

Fingerman K. L., Pillemer K. A., Silverstein M., et al., "The Baby Boomers' Intergenerational Relationships", *Gerontologist*, Vol. 52, No. 2, 2012.

Gareth James, Hastie T., Tibshirani R., *An Introduction to Statistical Learning*, Springer New York, 2013.

Gayle R., "The Traffic in Women", *Science & Engineering Ethics*, 1975.

Glaser K., Tomassini C., "Proximity of older women to their children: a comparison of Britain and Italy", *Gerontologist*, Vol. 40, No. 6, 2000.

Gerhardt C., *Intergenerational Relationships // The Wiley Blackwell Encyclopedia of Family Studies*, John Wiley & Sons, Inc. 2016.

Glick P. C., "Updating the Life Cycle of the Family", *Journal of Marriage & the Family*, Vol. 39, No. 1, 1977.

Goldscheider F., Goldscheider C., "Family Structure, Parental Support, and Leaving Home among Young Americans in the Twentieth Century", *Cah Que Demogr*, Vol. 23, No. 1, 1994.

Goode W. J., "World Revolution and Family Patterns", *New York Free Press*, Vol. 26, No. 26, 1963.

Goodman L. A., "Exploratory Latent Structure Analysis Using both Identifiable and Unidentifiable Models", *Biometrika*, Vol. 61, No. 2, 1974.

Guo M., Chi I., Silverstein M., "The Structure of Intergenerational Relations in Rural China: A Latent Class Analysis", *Journal of Marriage & Family*, Vol. 74, No. 5, 2012.

Habib J., Sundstrom G., Windmiller K., "Understanding the Pattern of Support for the Elderly: A Comparison between Israel and Sweden",

Journal of Aging & Social Policy, Vol. 5, No. 1 – 2, 1993.

Hashimoto A. , "Living Arrangements of the Aged in Seven Developing Countries: A Preliminary Analysis", *Journal of Cross-Cultural Gerontology*, Vol. 6, No. 4, 1991.

Himes C. L. , Hogan D. P. , Eggebeen D. J. , "Living Arrangements of Minority Elders", *J Gerontol B Psychol Sci Soc Sci*, Vol. 51, No. 1, 1996.

Hu A. , "Providing More but Receiving Less: Daughters in Intergenerational Exchange in Mainland China", *Journal of Marriage & Family*, Vol. 79, No. 3, 2017.

Lazarsfeld P. F. , "The Logical and Mathematical Foundation of Latent Structure Analysis. Chap. 10", Measurement and Prediction, 1950.

Lee G. R. , Peek C. W. , Coward R. T. , "Race Differences in Filial Responsibility Expectations among Older Parents", *Journal of Marriage & Family*, Vol. 60, No. 2, 1998.

Lesthaeghe R. J. , *Second Demographic Transition*, The Blackwell Encyclopedia of Sociology, John Wiley & Sons, Ltd. , 2007.

Lillard L. A. , Willis R. J. , "Motives for Intergenerational Transfers: Evidence from Malaysia", *Demography*, Vol. 34, No. 1, 1997.

Maccallum R. , "Specification Searches in Covariance Structure Modeling", *Psychological Bulletin*, Vol. 100, No. 100, 1986.

Magidson J. , Vermunt J. K. , "Comparing Latent Class Factor Analysis with the Traditional Approach in Data Mining", *Statistical Data Mining & Knowledge Discovery*, 2003.

Martin T. C. , Bumpass L. L. , "Recent Trends in Marital Disruption", *Demography*, Vol. 26, No. 1, 1989.

Møller V. Vern L. Bengtson, K. Warner Schaie and Linda M. Burton (eds), "Adult Inter generational Relations: Effects of Societal Change", *Ageing*

& *Society*, Vol. 15, No. 3, 2008.

Ogburn W. F., Thomas D., "Are Inventions Inevitable? A Note on Social Evolution", *Political Science Quarterly*, Vol. 37, No. 1, 1922.

Ogburn W. F., "Technology and Sociology", *Social Forces*, Vol. 17, No. 1, 1938.

Parsons T., "Economic Efficiency and Social Welfare. by Alec L. Macfie", *American Journal of Sociology*, 1943.

Pebley A. R., Rudkin L. L., "Grandparents Caring for Grandchildren What Do We Know?", *Journal of Family Issues*, Vol. 20, No. 2, 1999.

Pohar M., Blas M., Turk S., "Comparison of Logistic Regression and Linear. Discriminant Analysis: A Simulation Study", *Metodoloski Zvezki*, Vol. 1, No. 1, 2004.

Putney N. M., *Bengtson V. L. Intergenerational Relations in Changing Times*, Handbook of the Life Course, Springer US, 2003.

Roberts R. E., Richards L. N., Bengtson V. L., "Intergenerational Solidarity in Families: Untangling the Ties that Bind", *Marriage & Family Review*, Vol. 16, No. 1, 1991.

Rodríguez G., "Multilevel Generalized Linear Models", *Handbook of Multilevel Analysis*, 2008.

Scott J., Alwin D. F., Braun M., "Generational Changes in Gender-Role Attitudes: Britain in a Cross-National Perspective", *Sociology*, Vol. 30, No. 3, 1996.

Silverstein M., Gans D., Yang F. M., "Intergenerational Support to Aging Parents The Role of Norms and Needs", *Journal of Family Issues*, Vol. 27, No. 8, 2006.

Silverstein M., Marenco A., "How Americans Enact the Grandparent Role Across the Family Life Course", *Journal of Family Issues*, Vol. 22, No. 4, 2001.

Singh K., "Book Review: Latent Variable Models: An Introduction to Factor, Path, and Structural Equation Analysis (4th ed.)", *Applied Psychological Measurement*, Vol. 30, No. 3, 2006.

Sorokin P. A., Zimmerman C. C., Galpin C. J., et al., "A Systematic Source Book in Rural Sociology. Vol. I", *Social Service Review*, 1931.

Spitze G., Logan J. R., Deane G., et al., "Adult Children's Divorce and Intergenerational Relationships", *Journal of Marriage & Family*, Vol. 56, No. 2, 1994.

Szinovacz M., "Adult Children Taking Parents into Their Homes: Effects of Childhood Living Arrangements", *Journal of Marriage & Family*, Vol. 59, No. 3, 1997.

Tomassini C., Wolf D. A., "Shrinking Kin Networks in Italy Due to Sustained Low Fertility", *European Journal of Population*, Vol. 16, No. 4, 2000.

Van d K. D. J., "Demographic Transition, Second", *International Encyclopedia of the Social & Behavioral Sciences*, 2001.

Walker S. H., Duncan D. B., "Estimation of the Probability of an Event as a Function of Several Independent Variables", *Biometrika*, Vol. 54, No. 1/2, 1967.

Ward R. A., Spitze G., "Gender Differences in Parent-Child Coresidence Experiences", *Journal of Marriage & Family*, Vol. 58, No. 3, 1996.

Weber M., "Wissenschaft als Beruf", *Deutsche Zeitschrift Für Philosophie*, Vol. 37, No. 4, 1989.

White J. M., Klein D. M., Martin T. F., "Family Theories: An Introduction", *Sage Publications*, 1996.

Wolfe A. D., Hahn F. E., "Mode of Action of Chloramphenicol IX. Effects of Chloramphenicol upon a Ribosomal Amino Acid Polymerization System and Its Binding to Bacterial Ribosome", *Bba*, Vol. 95, No. 1, 1965.

Xie Y., Hu J., "An Introduction to the China Family Panel Studies (CFPS)", *Chinese Sociological Review*, Vol. 47, No. 1, 2014.

Yan Y., "Intergenerational Intimacy and Descending Familism in Rural North China", *American Anthropologist*, Vol. 118, No. 2, 2016.

Zarit S. H., Eggebeen D. J., "Parent-child Relationships in Adulthood and Later Years", *Handbook of Parenting*, 2002.

后　记

记得才入学的时候，我拖着箱子走过人大东门的天桥，看到原来是小足球场的地方挖了一个大大的深深的基坑，旁边的标牌上写着"北京建工承建人民大学教学综合楼项目"。当时心里想：这啥时候才能建成。转瞬三年，再路过东门，一座呈L形的联体高楼已经建了十几层，接近封顶。当望着这拔地而起的高楼，让我不由得回想起三年的人大时光。只要一开启回忆的闸门，浮光掠影般的各种情节、各种细节像潮水一般涌了上来。聚焦是我在博士生涯学到的重要一课，即便博士学位论文后记是可以散漫的、自由的，这里还是用所感悟到的人口研究的几个定律作为本篇的关键词。

波动性

事实上，站在一个较短的时间内，数十年或近百年是难以感受到人口变化的波动性的。所谓的波动性就类似于马克思主义经济学所说的价格围绕价值上下波动，也就是说波动是有上有下的。而近几十年出现了两种截然不同却有关联的人口现象，一方面是人口总数在上升，另一方面在很多国家和地区生育率一直在下降。这容易给普通民众甚至学者们造成一种印象，似乎总是在上升和下降。如果将视角拓展到整个人类文明的长度就会发现，这些人口现象都是具有波动性。只不过有的波动从波谷到波峰需要数百年或数千年的时间，如文明早期，有的波动可能更剧烈一些，如工业革命以后。现在我们所关注和所执着的可能只是昙花一现，它的意义价值如何应该放到历史长河中去衡量。

不知道是我研究人口学还是我领悟到波动性这个定律，我的博士生活也呈现出波动性，这个波动的形状类似于字母 V。考上人大的博士可以说是我的高光时刻，人大一直是我梦寐以求且孜孜追求的顶级学府。我怀着极高的期待希望能在此大展才华。可是，现实是最好的清醒剂。在没到一年的时候我就意识到自身的差异，且不说学业上专业知识和方法相对于本硕博人大学生的差距，在内在修为和气质上也存在不足。作为一个性格要强的我，无论外在还是内在都受到冲击，加之平时想法顾虑比较多，很快就陷入到低谷。真正的谷底是什么时候我并不清楚，但是度过了很长的压抑期，尤其是在国外的时候时常感到无依无靠。走出低谷期是以学术论文逐渐发表为标志的，在处于近乎半摸着石头过河的状态去理解写学术文章和发表，相对其他人可能更难一些。马克斯·韦伯的《以学术为业》认为：选择学术生涯是一种赌博，学者的成功需要良好的内外部因素。我并不知道我是否具有出众的天资，但是我知道我拥有强烈的对学习的热爱和无尽的对知识的渴望。

周期律

周期律和波动性并不一样，最主要的区别就是周期性可以形成一个闭环，而且周期律主要从近百年或几十年的中时段来考虑。人口学研究主体是人，但人可以从两个维度来考虑，其一是单个的个人，其二是众人组成的人口，两者有着千丝万缕的联系，是难以分隔的。这两个维度都体现出周期律，从单个人来说，人从生育到死亡，其间延续下一代，也是从生育到死亡，这是一个个不断循环的周期；从众多的人口来说，一次婴儿潮将会带来 20 年或 30 年后的另一个婴儿潮，这也是一个周期的循环。正因为有周期的存在，人口学家们才可能预测人口走势，正确认识周期律对人口和社会的发展极为重要。

对周期律的认识很晚才意识的，即便生活在每周 7 天、每月 30 天左右的周期循环中。人往往在遭遇重大挫折或者极度焦虑时才会深刻地思考一些问题的本质。我的第一个思考就是周期是有阶段性，比如在周期开始应该做什么、周期结束做什么都是有些固定规则的。博士三年，正常的周期规划是博一时上课学习并准备写文章；博二时，最好完成学校的发表要求或者等待出版；博三时，专注于博士学位论文。我博二文章没有出来，待到博三时一边投文章一边写博士学位论文，真是相当痛苦，一心二用不说，每天还在焦虑地等待投稿回复。好在具有强大的内心和没有放弃，现在想来依然觉得后怕。我的第二个思考是周期的周期性，听起来有点拗口，其实意思是说周期是需要一定时间才能完成的，需要注意这个周期完成的时间。投稿的经历就是很好的证明，一般投稿到录用至少要大于三个月的，好的期刊甚至六个月、一年或更长。如果不能正确认识这个投稿周期所需时间的长度，很可能会有很大的影响。古语云：凡事预则立，不预则废，这是很好地认识周期律的警语，但主要是说思考方面。如果再完善一下，那就是：凡事预则立，立则行，不预不立则废。

不可逆

随着科技的发展，现在很多似乎都可逆了，例如，媒体经常报道的女性年届五十，却容颜似少女，等等，还有学者将逆生长的概念用到学术研究中。但是从人口学领域来看大部分都是不可逆的。人从生下来就是走向死亡这是不可逆的，妇女可以选择生不生育孩子，但是不能把生下来的孩子重新塞回到肚子里，这是不可逆的。家庭从建立到解体这也是不可逆的。但在现实生活中，人们往往为战胜这种不可逆而奋斗，最典型的就是医药领域，历史学家布罗代尔考证在中世纪的西欧，曾经一场黑死病导致一个城市二分之一的人口死亡，现在医学界已经明确黑死病只不过是鼠疫的一种，已经能进行控制、预防甚至治愈。现在社会科学领域特别强调因果机制探讨，其实也是对不可逆的一种挑战。

人在年少轻狂的时候总是认为一切皆有可能，并不是很重视不可逆这样的事实存在。有一天去理发，理发师感慨我前面的头发比较稀疏，我以为他会向我推销养发、生发的产品，结果我们却进行了一场头发可不可以复生的讨论。随后还是他以从业多年的经验说服了我。他说，当你站在太阳底下，如果本来应该长头发的头皮在阳光下锃明发亮，那代表毛囊已经没有了，没有了毛囊也就没有再生发的可能了。那天下午，我在太阳底下拿着镜子站了一个小时，心里终于释然了。认识到不可逆一方面让我们尊重这种目前还不可以破解的规律；另一方面也让我们珍视当下，不要到了失去的时候才知道珍惜。

致　谢

永远要感谢第一个青睐你的人，我的导师——刘爽教授是给我机会并将我带入人口学大门的人。在入学之前，老师推荐了两本书：《人口社会学》和人口统计分析的一本书，这是推动我将研究方向定为社会人口学的最初起因。在经历质性到定量的研究方法转换，社会学到人口学的研究范式转换时，是老师鼓励我要发挥自身特长，要善于结合。在我的沉寂低谷期，老师给了我很宽松的环境，每次见面都会用优势视角来看待我，而且仔细分析她的话语，虽然绵绵但却充满力量，尤其是一种催人奋进的正能量。有时候我甚至都觉得老师不仅仅是一个人口学者而且还是善于助人自助的社工师。佛教中有一种修行叫：不言，也就是不说话。很多时候两人四目一对，便能理解彼此。不言不代表没有，一切感激都在心里。宋健老师是我特别要感谢的人，一方面是很认真地听了她讲的《人口统计学》这门课，从专业学识上对她十分佩服；另一方面她在我心目中完全是一个为人师表的典范，她的谈吐、思维、计划性、执行力、控制力甚至衣着打扮都符合我对一个老师的最高想象，是我一直想达到却达不到的。顾宝昌老师、段成荣老师、陈卫老师、和红老师、杨菊华老师、宋月萍老师、巫锡伟老师、李婷老师、靳永爱老师等都给了我在学业上的帮助，感谢他们！这里还要特别感谢学院的教学秘书樊丽萍老师，她为我们能够毕业付出了繁重的劳动。在澳大利亚博士生联合培养期间很多老师也都给予我帮助，这里也特别感谢澳大利亚新南威尔士大学的 Bingqin Li 老师，她是我的外方导师，在澳期间她不仅仅是一个老师，更像一个朋友给我极大的照顾。此外，新南威尔士大学的 Xiaoyuan Shang、Marie Delaney、Karen Fisher、Katrina Moore、Katja Hanewald，澳大利亚国立大学的 Ligang Song、Peter Whiteford 也给予我帮助，感谢！中国社科院的王跃生老师也指点过我，同样感谢！

这里要郑重感谢我的家人，他们的支持是我读博期间最坚实的后盾。我的妻子小钗在我决定去读全日制博士的时候毅然决然地支持我，在我读博期间她照顾孩子，还要养家挣钱，付出了很多，我没有什么好报答的，只有在以后的日子里好好待她。我的儿子佑鸣，年龄还小，当我出国要走的那一天，他懵懂无知却突然哇的一声哭了，我知道这是父子之间深深的爱。我的妈妈一直在北京帮我们照看孩子，很辛苦却任劳任怨，母亲节给妈妈买了一束康乃馨，妈妈高兴得像青春的少女，"谁言寸草心，报得三春晖"。

同学是学习道路上最好的陪伴者。我的同门王殿玺是一个认真爱学的人，他的很多方面值得我学习。师兄李亮、王平，师姐蔡圣晗、高华，师妹周旋、黄梦瑶、郑澜、黄婷婷，师弟朱宇，我们或一块儿做项目或探讨问题，互相帮助很多。扈新强、冯乐安我们由同学变成了很好的朋友，商楠、我的室友林庆东是我的老大哥，很多方面承蒙照顾。人口学专业的周宇香、祁静、杜声红、程梦瑶，我们一块儿经历了综合考试、开题、进展报告、预答辩，患难与共。彭青云、冀云、段媛媛、董亭月、李龙、陈佳鞠都是很好的同学。此外，还有在人大读书期间认识的同学逐渐成为朋友，结下深刻的友谊，同样感谢！愿亲爱的同学朋友们都能有美好的前程。

最后，再次感谢老师们！感谢家人们！感谢同学朋友们！

赵玉峰

2018 年 5 月 16 日

于中国人民大学品园三楼